# Capturing Chinese Stories:
# Prose and Poems by Revolutionary Chinese Authors

# Capturing Chinese Stories:
# Prose and Poems by Revolutionary Chinese Authors

Edited by
Kevin Nadolny
&
Ivan Niu

Illustrated by
Atula Siriwardane

Capturing Chinese Publications LLC
www.CapturingChinese.com

ISBN 978-0-9842762-3-3

CIP Data Pending

## FREE MP3s Online

Check out Capturing Chinese online for your
**FREE** Audio MP3s of
*Capturing Chinese Stories: Prose and Poems*
available for download at
**www.CapturingChinese.com**

Cover design by:
Kevin Nadolny

Cover photographs by:
Kevin Nadolny

# Contents

# Preface

Due to its complex writing system, Chinese is one of the most difficult languages in the world. Full literacy of Chinese requires a working knowledge of three to four thousand Chinese characters. Breaking into reading real Chinese literature is a daunting task and many students give up after just a few pages. While reading translations are a excellent way to gain insight into Chinese culture, the true meaning and spirit of the stories are best understood by reading them in the original Chinese. Some Chinese words and phrases don't lend themselves to translation into English, while some English words lack the historical significance of the original Chinese.

The essays included in this Capturing Chinese reader are some of the best from revolutionary China. Five of the most influential authors are included. Lu Xun is remembered as the father of modern Chinese literature. Zhou Zuoren, Lu Xun's younger brother, was a relentless leader in China's literary revolution. Hu Shi is remembered as the revolutionary who preached *pragmatic evolutionary change*. Zhu Ziqing's poetry and essays continue to be read throughout China and the West for their outstanding beauty. Lin Yutang is remembered as a bridge between East and West. His translations and stories brought China to the West in new ways. Reading the great literature of these five authors is essential for a comprehensive understanding of Chinese history, and literature.

David Pollard, Julia Lovell, William Lyell, Gladys Yang, and Yang Xianyi are all very skilled translators of Chinese literature and have brought many masterpieces of Chinese fiction to the Western readers for the first time. Readers are highly recommended to read their translations of the stories included in *Capturing Chinese*. The goal of *Capturing Chinese* is to introduce some of these masterpieces to our readers in the original Chinese while providing tools to practice reading, build reading ability, and inspire confidence. With a solid foundation, practice, and confidence, every Chinese language learner can then move on to read other pieces of literature not included in our series.

*Capturing Chinese* helps readers enjoy works of Chinese fiction and non-fiction without the frustration of spending countless hours looking up difficult characters in the dictionary or needing a teacher's assistance to get through the text. Currently, one common method of reading Chinese stories is to buy a book, sit down with a dictionary in hand, and spend hours looking up characters by radical while slowly gaining an understanding of the text. Besides the drudgery of this approach, dictionaries lack many of the difficult words, lack historical explanations, and don't list important historical figures and places. Since many Chinese characters have multiple meanings, knowing which meaning is appropriate in the given context is an additional obstacle. Therefore, even the most diligent student can get bogged down on a few difficult characters and phrases.

*Capturing Chinese* is a tool to help students break into reading original Chinese literature. The five authors are introduced and each of their pieces of literature has a short summary. The selections include copious footnotes detailing the definition of difficult vocabulary, and explaining historical and cultural references. With a better understanding of the historical and cultural context, the reader will have a greater appreciation for and understanding of the piece.

*Capturing Chinese* includes *pinyin* at the end of each selection. The *pinyin* is provided to help refresh one's memory of certain characters and to help with looking up difficult characters not footnoted. It is not intended to be read along with the characters. Therefore, the *pinyin* does not follow the characters, but instead is treated as an answer key located on a separate page. In this way, the reader's eyes do not drift to the *pinyin* every time he or she is stuck on a character.

Difficult words and phrases are footnoted and accompanied by their definition. If the reader encounters an unfamiliar character not defined, he can use the *pinyin* listed at the end of the story to determine the pronunciation of the unknown character and then immediately look up the difficult words or phrases. Instead of using the complex method of looking up characters (recognizing the radical, counting strokes, finding the character's pronunciation, and then looking up the definition), the reader will be able to directly use the *pinyin* to find the definition for an unfamiliar character. Students will save countless hours of flipping through a dictionary and instead be able to focus on learning new characters while enjoying Chinese literature.

*Capturing Chinese* is a bridge for students to break away from fabricated textbook stories and into real, substantial Chinese literature. The goal of this book is not to translate the story into English for the reader, or have the reader read *pinyin* instead of the characters, but only to provide him with tools so that he can read the text on his own, come up with his own translations, and master reading the stories in their original Chinese.

# How to use this book

To get the most out of this book, tackle each selection slowly. First, using only the Chinese portion, read each paragraph slowly. On your second time begin using the definitions at the bottom. On your third round, use the *pinyin*. Learning languages is all about repetition so reread the story until you thoroughly understand it.

Each story is ranked to help the reader choose to start with the easier stories and slowly progress to the more difficult ones. Level I stories are easiest while Level V are hardest. The collection features a broad range of difficulty levels so start with the easier ones and work your way up. Zhou Zuoren's *The Aging of Ghosts* is especially difficult even for native Chinese speakers. This story is filled with classical Chinese (古文) and lends some understanding in the importance in using vernacular Chinese in literature. Some of the best stories in the collection are written at a more advanced level so start with the easier stories and work your way up.

In our first volume, *Capturing Chinese: Short Stories from Lu Xun's Nahan*, the pinyin followed the characters paragraph by paragraph. In this volume, the *pinyin* is treated like an answer key and is located at the end of the story. Readers can now appreciate the Chinese text without interruption.

If you need additional help on the pronunciation of the

characters, we highly recommend reading the stories while listening to the audio files. The audio files include a female and male native speaker reading the story. The audio files are a great tool to reinforce your learning and are free with this book.

Use different phrases from the selections in everyday conversations and in writing. Have fun with the language and don't be afraid to make mistakes. Children learn so quickly because they use new phrases without hesitating to worry if they are right or wrong.

Remember the authors were not writing these essays and poems for foreign students of Chinese, but rather for Chinese in revolutionary China. They frequently refer to current events of the time, which readers of the day would pick up on quickly. For this reason, footnotes go into detail on historical and cultural references. If you find the footnotes too short, ask your Chinese friends about the mentioned historical figures and places. Most likely they will know them quite well and will be able to add some more details.

Capturing Chinese helps language students read Chinese literature in the original Chinese. However, translations can be convenient when the reader encounters exceptionally difficult areas. Many of the stories in *Capturing Chinese Stories: Prose and Poems* have already been translated to English. We recommend readers to buy and read a copy of *The Columbia Anthology of Modern Chinese Literature*. This collection of Chinese literature translated into English includes many of the stories in this Capturing Chinese reader.

Enjoy these masterpieces of Chinese literature and 加油!

Kevin Nadolny

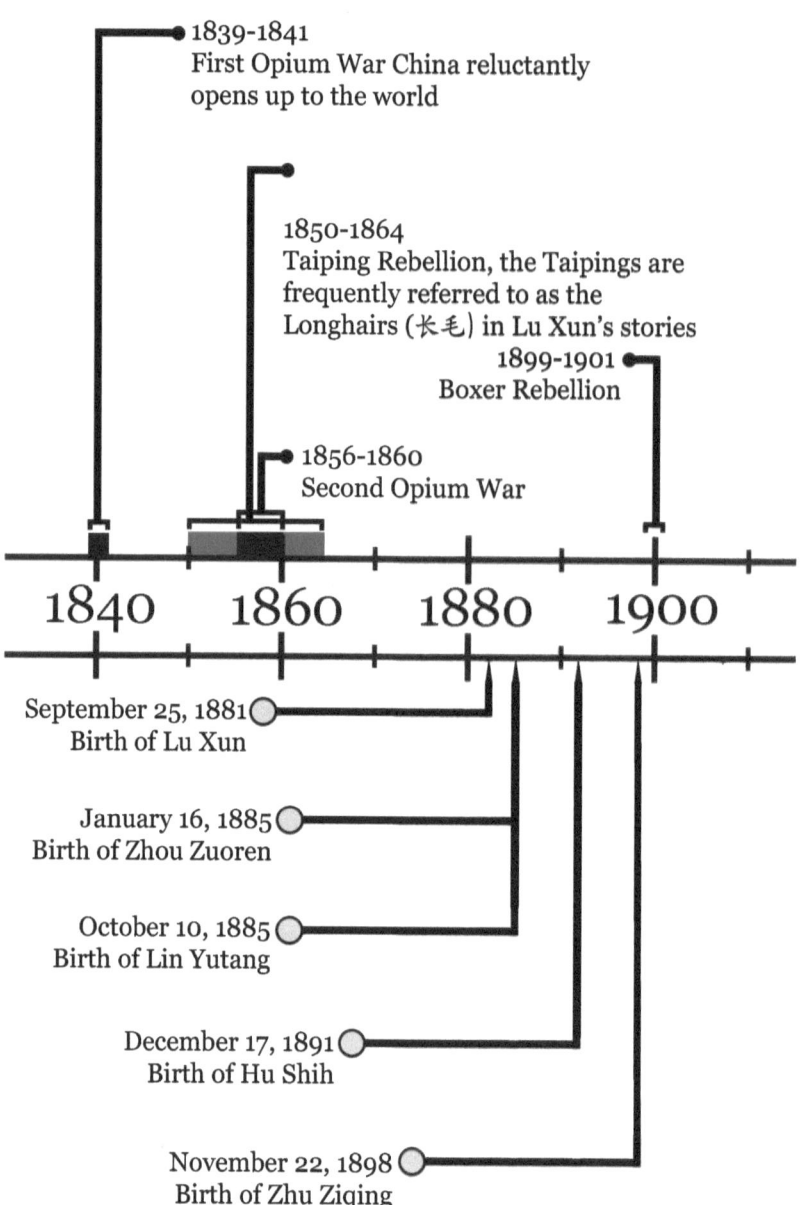

1839-1841
First Opium War China reluctantly opens up to the world

1850-1864
Taiping Rebellion, the Taipings are frequently referred to as the Longhairs (长毛) in Lu Xun's stories

1899-1901
Boxer Rebellion

1856-1860
Second Opium War

1840    1860    1880    1900

September 25, 1881
Birth of Lu Xun

January 16, 1885
Birth of Zhou Zuoren

October 10, 1885
Birth of Lin Yutang

December 17, 1891
Birth of Hu Shih

November 22, 1898
Birth of Zhu Ziqing

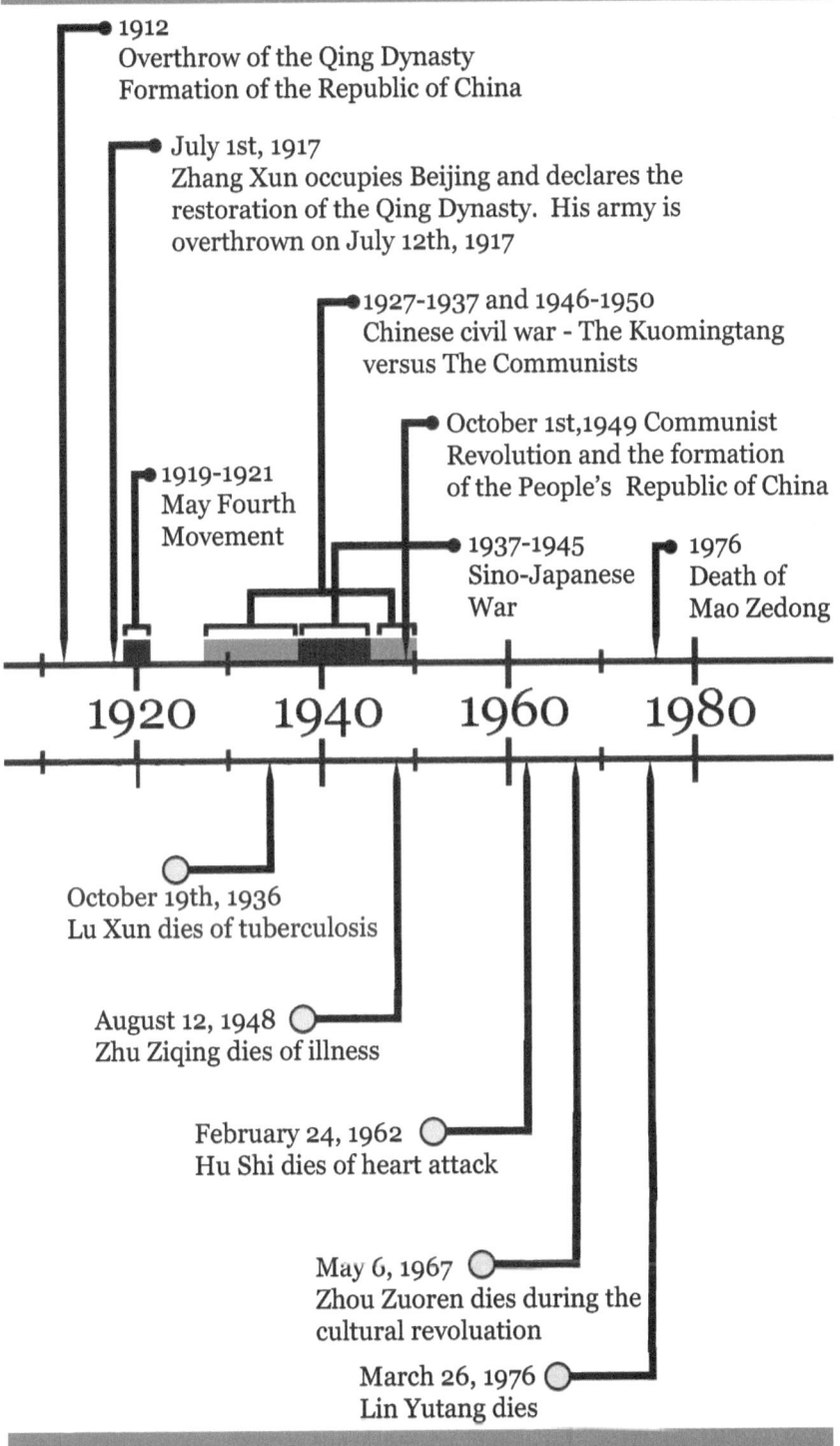

*To my first born son.*

鲁迅

# Introduction to Lǔ Xùn

Lǔ Xùn (鲁迅) was born in Shàoxīng (绍兴城) in 1881. Shàoxīng is a part of Jiāngsū (江苏省) province and has been home to many of China's literary giants throughout history. During Lǔ Xùn's time it was also a hotbed for anti-Qing revolutionaries who frequently appear in his stories. Lǔ Xùn was born with the name Zhōu Zhāngshòu (周樟寿). He later changed his name to Zhōu Yùshān (周豫山) and took the courtesy name of Zhōu Shùrén (周树人). Men primarily used a courtesy name after reaching 20 years of age as a symbol of adulthood and respect. He chose the pen name Lǔ Xùn when writing his first short story, *A Madman's Diary,* in May of 1918. He chose Lǔ (鲁) in commemoration of his mother, whose maiden surname was also Lǔ (鲁).

Lǔ Xùn had two younger brothers: Zhōu Zuòrén (周做人) who was four years younger and Zhōu Jiànrén (周建人) who was five years younger. While Lǔ Xùn did have a third younger brother, this brother died very young.

The Zhou family was well-educated and Lǔ Xùn's paternal grandfather, Zhōu Fúqīng (周福清), had held a post at the prestigious Hanlin Academy (翰林院 Hànlín Yuàn). However, after his grandfather tried to procure an official post for Lǔ Xùn's father, the family's fortunes began to decline. His grandfather was arrested for bribery and almost beheaded. Such crimes in ancient China threatened all the family members since the authorities would commonly punish the whole family for one member's transgressions. Lǔ Xùn's father had his *xiucai* (秀才) degree stripped and was banned from taking further exams.

Lǔ Xùn was brought up by a servant called Ā Cháng (阿长) whom Lǔ Xùn called Cháng Mā (长妈). Ā Cháng was a very superstitious woman and shared many stories with Lǔ Xùn including those about the Long Hairs (长毛 Cháng Máo). The Long Hairs were also known as the Taipings and were the rebels of the Taiping Rebellion

(1850-1864).  She also gave him a copy of the *Classics of Mountains and Seas* (山海经 Shān Hǎi Jīng), which included many mythical tales about the world and became his favorite book during childhood.

After Zhōu Fúqīng's imprisonment, Lǔ Xùn's father began drinking and became addicted to opium.  He contracted a chronic illness and had traditional Chinese doctors care for him for the last four years of his life.  One of these doctors was called Dr. He Jianchen whose surname appears in two short stories from *Nahan* ( 呐 喊 ): *The Madman's Diary* (狂人日记) and *Tomorrow* (明天).   From this experience, Lǔ Xùn learned to distrust and even despise traditional Chinese medicine and other superstitions.  In the preface to *Nàhǎn* he recalls having to pawn the family's valuables in order to buy esoteric medicine prescribed by his father's doctors.  His father eventually died from tuberculosis during Lǔ Xùn's adolescence.  The poor standard of care for his father's chronic illness inspired Lǔ Xùn to study western medicine and eventually led him to Sendai in Japan.

Before heading to Japan, Lǔ Xùn studied at Jiangnan Naval Academy (江南水师学堂 Jiāngnán Shuǐshī Xuétáng).  He left after his first year and continued his studies at Jiangnan Army Academy's School of Mining and Railroads (江南陆师学堂附设的矿务铁路学堂 Jiāngnán Lùshī Xuétáng Fùshè de Kuàng Wù Tiělù Xuétáng) for the next three.  He graduated in 1902.

After the first opium wars in 1839, China was forcefully opened up to the outside world and the Chinese began to grasp their dire need to modernize.  Not only were the Western powers infringing on Chinese sovereignty, but their neighbor, Japan, also came to exploit China.  As a response, China sent large numbers of students abroad to learn the West's "secrets."  Due to their similar language structure, Japan was an easier place than either America or Europe to study.  In 1902, having successfully obtained a government scholarship, Lǔ Xùn went to Japan to study medicine as a part of a government effort to modernize China.  Lǔ Xùn saw modern medicine as an essential key to modernization.

In order to get away from his fellow Chinese students, Lǔ Xùn went to Sendai in the northern part of the main island of Japan where he was the first and only Chinese student. He enrolled at the Sendai Specialized School of Medical Studies (仙台的医学专门学校 Xiāntái de Yīxué Zhuānmén Xuéxiào). He stayed there and struggled with his studies for one and a half years before suddenly and angrily walking out of the lecture room, quitting his studies in medicine, and devoting himself to literature instead. After seeing a public execution of a Chinese spy, he realized from the looks of the surrounding spectators that the Chinese soul needed more healing than their physical body. He wrote literature to heal the spirit of the Chinese people. (See 呐喊一自序 for the complete story on why he quit his medical studies.)

Lǔ Xùn stayed in Tokyo for three more years while pursuing his interests in literature. In 1909 he returned home to Shàoxīng and found a job teaching. He stayed in southern China doing various jobs until 1912 when he moved to Běijīng, having found a job with the newly formed government in the Ministry of Education. The Republic of China had just replaced the Qing Dynasty late in the prior year. From 1912-1917, Lǔ Xùn found himself quite disillusioned with the Revolution. While Sun Yat-sen (孙中山 Sūn Zhōngshān) had founded the Republic of China, the military man Yuán Shìkǎi (袁世凯) shortly thereafter usurped power and continued the corrupt ways of the Qing Dynasty before him. He even declared himself emperor of a new dynasty in 1916 before dying later that same year.

Slightly before and then after the death of Yuán Shìkǎi, political activities and movements began to flourish. These movements are commonly known as *The New Culture Movement* or *The May Fourth Movement*. In August 1917, Qián Xuántóng (钱玄同), a close friend of Lǔ Xùn, urged Lǔ Xùn to write and contribute to their newly formed magazine, *The New Youth* (新青年 Xīn Qīngnián). For this magazine Lǔ Xùn wrote some of his most famous short stories such as *A Madman's Diary* (狂人日记), *Kong Yiji* (孔已己) , and *Medicine* (药). In 1922 he collected his short stories into a collection called Nàhǎn (呐喊), known in English by various names. *A Call to Arms, Cheering From the Sidelines, Outcry* are a few examples.

In 1925, he published his second collection of short stories called Pánghuáng (彷徨), known in English as *Wondering* or *Wondering Where to Turn*. Between 1924 and 1926, Lǔ Xùn published a series of prose poems that were later collected into *Wild Grass*. *Wild Grass* was published in 1927.

During the writing of *Wondering* and *Wild Grass*, Lǔ Xùn was especially troubled by the current political situation in China. In addition, he was finding himself increasingly estranged from his younger brother Zhou Zuoren. While Lǔ Xùn was already married, he had only married out of traditional obligation. However, during this time he found love in his student, Xu Guangping. Xu Guangping and Lǔ Xùn met for the first time in 1925 and started living together in 1927.

Lǔ Xùn spent most of the rest of his life in the liberal city of Shanghai. During this time he wrote essays and his famous *A Concise History of Chinese Fiction* (中國小說史略).

Lǔ Xùn died on October 18th, 1936 due to tuberculosis. His remains are interred in Lǔ Xùn Park (鲁迅公园) in Shanghai. Lǔ Xùn and Xu Guangping had one son.

《野草》

《Yěcǎo》

Wild Grass


*Wild Grass* (野草 Yěcǎo) is a collection of prose poems written by Lu Xun between September 1924 and April 1926. The collection contains 23 prose poems.

During the time he wrote these prose poems, Lu Xun experienced particular hardship. He had recently had a major falling out with his younger brother, Zhou Zuoren, as well as was financially hard pressed. However, Lu Xun also found love for the first time. While he did marry out of traditional obligation, he did not truly love his first wife. In 1925 he first met his student, Xu Guangping, and they started living together in 1927 in Shanghai. During these years, Lu Xun also wrote *Wondering*, a collection of short stories. This time was Lu Xun's most productive in writing fiction.

These prose poems are some of Lu Xun's best works and give insight into his philosophy. These prose poems can be divided into two broad categories: (1) satire of everyday life and attack on corruption in politics as represented by *The Dog's Retort* 《狗的驳诘》, *Revenge* 《复仇》, and *Amid Pale Bloodstains* 《淡淡的血痕中》; and (2) his own depression and struggles, as represented by *Autumn Night* 《秋夜》, *The Passerby* 《过客》, and *Hope* 《希望》. In *Capturing Chinese Stories: Prose and Poems*, three of Lu Xun's prose poems are presented. They are 《野草》题辞 *Epigraph to Wild Grass*, 《秋夜》 *Autumn Night*, and 《希望》 *Hope*. The entire series of *Wild Grass* consists of the following prose poems:

| | |
|---|---|
| 《野草》题辞 | Epigraph to Wild Grass |
| 秋夜 | Autumn Night |

| | |
|---|---|
| 影的告别 | The Shadow's Leave-Taking |
| 求乞者 | The Beggars |
| 我的失恋 | My Lost Love |
| 复仇 | Revenge |
| 复仇〔其二〕 | Revenge Part II |
| 希望 | Hope |
| 第雪节 | Snow |
| 风筝 | The Kite |
| 好的故事 | The Good Story |
| 过客 | The Passer-By |
| 死火 | Dead Fire |
| 狗的驳诘 | The Dog's Retort |
| 失掉的好地狱 | The Good Hell That Was Lost |
| 墓碣文 | Grave Stone Writings |
| 颓败线的颤动 | Hanging By A Thread |
| 立论 | On Expressing An Opinion |
| 死后 | After Death |
| 这样的战士 | Such A Fighter |
| 聪明人和傻子和奴才 | The Wise Man, The Fool And The Slave |
| 腊叶 | The Blighted Leaf |
| 淡淡的血痕中 | Amid Pale Bloodstains |
| 一觉 | An Awakening |

# Wild Grass – Epigraph

## 《野草》题辞

## 《Yěcǎo》 Tící

Lu Xun wrote a brief poetic forward for his collection, *Wild Grass,* called *Epigraph to Wild Grass.* This foreword is a simple expression of his feelings and deep emotions caused by his troubles and the political turmoil at the time. While the May 4$^{th}$ movement had brought hope for a brighter future, the China of 1924 was embarking on a path to civil war. Lu Xun uses wild grass as a symbol for his own and his country's troubles. He struggled like wild grass. He has been stomped on, rolled on, mowed but none of this stopped his growth. Due to the wild grass's nature of resiliency, it may seem die but it will soon grow back thicker and stronger.

当我沉默[2]着的时候，我觉得充实[3]；我将[4]开口，同时感到空虚[5]。

过去的生命已经死亡[6]。我对于这死亡有大欢喜，因为我借此[7]知道它曾经存活。死亡的生命已经朽腐[8]。我对于这朽腐有大欢喜，因为我借此知道它还非空虚。

生命的泥[9]委弃[10]在地面上，不生乔木[11]，只生野草，这是我的罪过[12]。

野草，根本[13]不深，花叶不美，然而吸取[14]露[15]，吸取水，吸取冻死[16]人的血和肉，各各夺取[17]它的生存。当生存时，还是将遭[18]践踏[19]，将遭删刈[20]，直至[21]死亡而朽腐。

---

[1] 题辞 – tící – epigraph
[2] 沉默 – chénmò – taciturn; quiet
[3] 充实 – chōngshí – enriched; meaningful
[4] 将 – jiāng – will; be going to
[5] 空虚 – kōngxū – hollow; empty; void; vain; blank; vacant
[6] 死亡 – sǐwáng – die
[7] 借此 – jiècǐ – from this (refers to death); according to this
[8] 朽腐 – xiǔfǔ – rotten; decayed; decadent
[9] 泥 – ní – soil
[10] 委弃 – wěiqì – to discard; to abandon
[11] 不生乔木 – bù shēng qiáomù – trees (乔木) do not (不) grow (生) here
[12] 罪过 – zuìguò – sin; crime; fault
[13] 根本 – gēnběn – at all; fundamentally
[14] 吸取 – xīqǔ – to absorb; to extract
[15] 露 – lù – dew
[16] 冻死 – dòngsǐ – to freeze (冻) to death (死); to die of coldness

但我坦然[22]，欣然[23]。我将大笑，我将歌唱。

我自爱我的野草，但我憎恶[24]这以野草作装饰[25]的地面。

地火在地下运行[26]，奔突[27]；熔岩[28]一旦[29]喷出[30]，将烧尽[31]一切野草，以及乔木[32]，于是并且无可[33]朽腐。

但我坦然，欣然。我将大笑，我将歌唱。

天地有如此静穆[34]，我不能大笑而且歌唱。天地即[35]不如此静穆，我或者也将不能。我以这一丛[36]野草，在明与暗，生与死，过去与未来之际[37]，献于[38]友与仇[39]，人与兽[40]，爱者与不爱者之前作证[41]。

---

[17] 夺取 – duóqǔ – to seize; to take by force; to capture
[18] 遭 – zāo – to suffer from
[19] 践踏 – jiàntà – to trample; to tread; to tread on underfoot
[20] 删刈 – shānyì – to sweep away; to abolish; to root out; to eliminate
[21] 直至 – zhízhì – until; till
[22] 坦然 – tǎnrán – calm; unperturbed; composed; undisturbed
[23] 欣然 – xīnrán – joyfully; gladly; readily; cheerfully with readiness; with pleasure
[24] 憎恶 – zēngwù – to abhor; to hate; to loathe
[25] 装饰 – zhuāngshì – decoration; ornament
[26] 运行 – yùnxíng – in action; in motion; in operation
[27] 奔突 – bēntū – to rush about; to barge about; to madly dash around
[28] 熔岩 – róngyán – lava
[29] 一旦 – yīdàn – in case; now that; once; as soon as
[30] 喷出 – pēnchū – to spurt; to gush; to erupt
[31] 烧尽 – shāojìn – to burn up
[32] 乔木 – qiáomù – a tall tree
[33] 无可 – wú kě – no; nothing
[34] 静穆 – jìngmù – solemn and quiet
[35] 即 – jí – (古文) that is; namely
[36] 一丛 – yī cóng – a cluster of
[37] 之际 – zhī jì – on the occasion of
[38] 献于 – xiàn yú – to dedicate (献) to (于); to devote to
[39] 仇 – chóu – enemy

为我自己，为友与仇，人与兽，爱者与不爱者，我希望这野草的朽腐，火速[42]到来。要不然，我先就未曾生存，这实在比死亡与朽腐更其不幸[43]。

去罢，野草，连着我的题辞！

一九二七年四月二十六日

鲁迅记于广州之白云楼上

40 兽 — shòu — beast; animal
41 作证 — zuò zhèng — to testify; to give evidence; to bear witness
42 火速 — huǒsù — at top speed; with dispatch
43 不幸 — bùxìng — disaster; distress; misfortune; bad (ill) luck

12 《野草》题辞

## 《Yěcǎo》 Tící

Dāng wǒ chénmòzhe de shíhou, wǒ juéde chōngshí; wǒ jiāng kāikǒu, tóngshí gǎndào kōngxū.

Guòqù de shēngmìng yǐjīng sǐwáng. Wǒ duìyú zhè sǐwáng yǒu dà huānxǐ, Yīnwèi wǒ jiècǐ zhīdao tā céngjīng cúnhuó. Sǐwáng de shēngmìng yǐjīng xiǔfǔ. Wǒ duìyú zhè xiǔfǔ yǒu dà huānxǐ, Yīnwèi wǒ jiècǐ zhīdao tā hái fēi kōngxū.

Shēngmìng de ní wěiqì zài dìmiàn shàng, bù shēng qiáomù, zhǐ shēng yěcǎo, zhè shì wǒ de zuìguò.

Yěcǎo, gēnběn bù shēn, huāyè bù měi, rán'ér xīqǔ lù, xīqǔ shuǐ, xīqǔ dòngsǐ rén de xuè hé ròu, gègè duóqǔ tā de shēngcún. Dāng shēngcún shí, háishì jiāng zāo jiàntà, jiāng zāo shānyì, zhízhì sǐwáng ér xiǔfǔ.

Dàn wǒ tǎnrán, xīnrán. Wǒ jiāng dà xiào, wǒ jiāng gēchàng.

Wǒ zì ài wǒ de yěcǎo, dàn wǒ zēngwù zhè yǐ yěcǎo zuò zhuāngshì de dìmiàn.

Dìhuǒ zài dìxià yùnxíng, bēntú; róngyán yīdàn pēnchū, jiāng shāojìn yīqiè yěcǎo, yǐjí qiáomù, yúshì bìngqiě wú kě xiǔfǔ.

Dàn wǒ tǎnrán, xīnrán. Wǒ jiāng dàxiào, wǒ jiāng gēchàng.

Tiāndì yǒu rúcǐ jìngmù, wǒ bù néng dàxiào érqiě gēchàng. Tiāndì jí bù rúcǐ jìngmù, wǒ huòzhě yě jiāng bù néng. Wǒ yǐ zhè yī cóng yěcǎo, zài míng yǔ àn, shēng yǔ sǐ, guòqù yǔ wèilái zhī jì, xiàn yú yǒu yǔ chóu, rén yǔ shòu, ài zhě yǔ bù ài zhě zhīqián zuò zhèng.

Wèi wǒ zìjǐ, wèi yǒu yǔ chóu, rén yǔ shòu, ài zhě yǔ bù ài zhě, wǒ xīwàng zhè yěcǎo de xiǔfǔ, huǒsù dàolái. Yàobùrán, wǒ xiān jiù wèi céng shēngcún, zhè shízài bǐ sǐwáng yǔ xiǔfǔ gèng qí bùxìng.

Qù ba, yěcǎo, liánzhe wǒ de tící!

Yī jiǔ èr qī nián sì yuè èrshíliù rì
Lǔ Xùn jì yú Guǎngzhōu zhī Báiyún Lóu shàng

Autumn Night

《秋夜》

《Qiū Yè》

Autumn Night is one of the most beautiful prose poems written by Lu Xun. In this piece, Lu Xun discusses his thoughts about life in Beijing at this time and makes slight allusions to his love affair at the time. The Northern Warlords were making life very harsh in the capital so in this poem Lu Xun resorts to veiled symbolism to express his thoughts. As you read the poem, look for the various symbols hiding in the scene description. This poem was first published in December, 1924 and later collected into his collection of 野草.

## 《秋夜》

在我的后园，可以看见墙外有两株[1]树，一株是枣树[2]，还有一株也是枣树。

这上面的夜的天空，奇怪而高，我生平没有见过这样奇怪而高的天空。他仿佛要离开人间而去，使人们仰面[3]不再看见。然而现在却非常之[4]蓝[5]，闪闪[6]地䀹[7]着几十个星星的眼，冷眼。他的口角[8]上现出微笑，似乎[9]自以为大有深意，而将[10]繁霜[11]洒[12]在我的园里的野花草[13]上。

我不知道那些花草真叫什么名字，人们叫他们什么名字。我记得有一种开过极细小[14]的粉红花，现在还开着，但是更极细小了，她在冷的夜气中，瑟缩[15]地做梦，梦见春的到来，梦见秋的到来，梦见瘦[16]的诗人[17]将眼泪[18]擦[19]在她最末[20]的花瓣[21]上，告诉她秋虽然来，冬虽然来，

---

[1] 株 – zhū – quantifier to denote the numbers of plants
[2] 枣树 – zǎoshù – date tree
[3] 仰面 – yǎngmiàn – with one's face upward; to look up at the sky
[4] 之 – zhī – (古文) auxiliary word used between an adverb and an adjective
[5] 蓝 – lán – blue
[6] 闪闪 – shǎnshǎn – sparkling; twinkling
[7] 䀹 – shǎn – twinkling; flickering; sparkling
[8] 口角 – kǒujiǎo – corner of the mouth
[9] 似乎 – sìhū – as if; look like
[10] 将 – jiāng – used in the same way as 把
[11] 繁霜 – fán shuāng – numerous (繁) frost (霜)
[12] 洒 – sǎ – to drop; to spill; to scatter; to litter
[13] 野花草 – yě huācǎo – wild (野) flowers (花) and grass (草)
[14] 极细小 – jí xìxiǎo – extremely (极) tiny (细小)
[15] 瑟缩 – sèsuō – to cower; to curl up with cold; to shrink (because of cold or fear)
[16] 瘦 – shòu – thin
[17] 诗人 – shīrén – poet
[18] 眼泪 – yǎnlèi – tears
[19] 擦 – cā – to rub; to wipe off; to clean
[20] 末 – mò – end; last
[21] 花瓣 – huābàn – petal

而此后接着还是春，胡蝶乱飞[22]，蜜蜂[23]都唱起春词[24]来了。她于是[25]一笑，虽然颜色[26]冻得红惨惨[27]地，仍然[28]瑟缩着。

枣树，他们简直落尽[29]了叶子。先前，还有一两个孩子来打他们别人打剩[30]的枣子[31]，现在是一个也不剩了，连叶子也落尽了。他知道小粉红花的梦，秋后要有春；他也知道落叶的梦，春后还是秋。他简直落尽叶子，单[32]剩干子[33]，然而脱[34]了当初满树是果实[35]和叶子时候的弧形[36]，欠伸[37]得很舒服。但是，有几枝还低亚[38]着，护定[39]他从打枣[40]的竿[41]梢[42]所得的皮伤[43]，而最直最长的几枝，却已默默[44]地铁[45]似的[46]直刺[47]着

---

[22] 胡蝶乱飞 – húdié luànfēi – butterfly (胡蝶) fly/bob (飞) wildly (乱)
[23] 蜜蜂 – mìfēng – bee; honeybee
[24] 春词 – chūncí – spring poems; spring songs
[25] 于是 – yúshì – thereupon; hence; then; so
[26] 颜色 – yánsè – color
[27] 红惨惨 – hóngcǎncǎn – red; scarlet
[28] 仍然 – réngrán – still; yet
[29] 落尽 – luòjìn – all (尽) (of the leaves) fall down (落) (from trees)
[30] 剩 – shèng – left; remainder
[31] 枣子 – zǎozi – Chinese date; date
[32] 单 – dān – only; just; alone
[33] 干子 – gànzi – trunk
[34] 脱 – tuō – shed
[35] 果实 – guǒshí – fruit
[36] 弧形 – húxíng – arc-shaped; curve
[37] 欠伸 – qiànshēn – to yawn (欠) and stretch oneself (伸)
[38] 低亚 – dīyà – to hang low
[39] 护定 – hùdìng – to protect; to take care of
[40] 打枣 – dǎ zǎo – to pick jujube
[41] 竿 – gān – pole
[42] 梢 – shāo – thin end (of a plant)
[43] 皮伤 – píshāng – wound on a bark
[44] 默默 – mòmò – quietly; silently; calmly
[45] 铁 – tiě – iron
[46] 似的 – shìde – as if; as though; like; as...as
[47] 直刺 – zhí cì – to pierce (刺) into something directly (直)

奇怪而高的天空，使天空闪闪地鬼䁖眼[48]；直刺着天空中圆满[49]的月亮，使月亮窘[50]得发白[51]。

鬼䁖眼的天空越加非常之蓝，不安了，仿佛想离去人间，避开[52]枣树，只将月亮剩下。然而月亮也暗暗[53]地躲[54]到东边去了。而一无所有[55]的干子，却仍然默默地铁似的直刺着奇怪而高的天空，一意要制他的死命，不管他各式各样[56]地䁖着许多蛊惑[57]的眼睛。

哇[58]的一声，夜游[59]的恶鸟[60]飞过了。

我忽而[61]听到夜半的笑声，吃吃地，似乎不愿意惊动[62]睡着的人，然而四围[63]的空气都应和着笑。夜半，没有别的人，我即刻听出这声音就在我嘴里，我也即刻被这笑声所驱逐[64]，回进自己的房。灯火的带子也即刻被我旋高[65]了。

---

[48] 鬼䁖眼 – guǐ shǎn yǎn – wicked eyes; ghostly (鬼) twinkling (䁖) eyes (眼)
[49] 圆满 – yuánmǎn – (of moon) round (圆) and full (满)
[50] 窘 – jiǒng – hard up; dilemma; poverty-stricken
[51] 发白 – fābái – go pale
[52] 避开 – bìkāi – to avoid; to escape; to shun
[53] 暗暗 – àn'àn – secretly; inwardly; to oneself
[54] 躲 – duǒ – to hide; to avoid; to hide; to dodge
[55] 一无所有 – yìwú-suǒyǒu – (成语) not have a penny to one's name; nothing
[56] 各式各样 – gèshì-gèyàng – (成语) various different categories and styles
[57] 蛊惑 – gǔhuò – demagogic; bewitching; captivating
[58] 哇 – wā – an onomatopoeia
[59] 夜游 – yè yóu – to travel (游) at night (夜)
[60] 恶鸟 – èniǎo – hateful (恶) bird (鸟)
[61] 忽而 – hū'ér – the moment, the next; sometimes
[62] 惊动 – jīngdòng – to disturb; to trouble
[63] 四围 – sì wéi – around
[64] 驱逐 – qūzhú – to drive out; to expel; to banish
[65] 旋高 – xuángāo – to revolve/rotate (the strap) too high

后窗的玻璃上丁丁[66]地响，还有许多小飞虫[67]乱撞[68]。不多久，几个进来了，许是从窗纸[69]的破孔[70]进来的。他们一进来，又在玻璃的灯罩[71]上撞[72]得丁丁地响。一个从上面撞进去了，他于是遇到火，而且我以为这火是真的。两三个却休息在灯的纸罩上喘气[73]。那罩是昨晚新换的罩，雪白的纸，折[74]出波浪纹[75]的叠痕[76]，一角还画出一枝猩红[77]色的栀子[78]。

猩红的栀子开花时，枣树又要做小粉红花[79]的梦，青葱[80]地弯成弧形[81]了……我又听到夜半的笑声；我赶紧砍断[82]我的心绪[83]，看那老在白纸罩上的小青虫，头大尾小，向日葵子[84]似的，只有半粒小麦[85]那么大，遍身的颜色苍翠[86]得可爱，可怜。

---

[66] 丁丁 – dīngdīng – (onomatopoeia) clang, clank; to describe the sound of logging, playing chess or a stringed instrument
[67] 飞虫 – fēichóng – winged insect
[68] 乱撞 – luànzhuàng – to (fly around and) hit wildly against (the window)
[69] 窗纸 – chuāngzhǐ – window paper
[70] 破孔 – pòkǒng – hole
[71] 灯罩 – dēngzhào – lampshade
[72] 撞 – zhuàng – to bump against; to run into; to strike; to hit against
[73] 喘气 – chuǎnqì – to breathe; to gasp; to pant
[74] 折 – zhé – to fold; to overlap
[75] 波浪纹 – bōlàng wén – pattern (纹) of waves (波浪)
[76] 叠痕 – diéhén – sign left on the paper after folding it; wrinkles of folded paper
[77] 猩红 – xīnghóng – scarlet red; blood red
[78] 栀子 – zhīzi – jasmine
[79] 粉红花 – fěnhóng huā – pink flower
[80] 青葱 – qīngcōng – verdant; fresh green
[81] 弯成弧形 – wānchéng húxíng – to bend into an arc shape
[82] 砍断 – kǎnduàn – to cut off; to chop off
[83] 心绪 – xīnxù – mood; state of mind
[84] 向日葵子 – xiàngrìkuí zǐ – sunflower (向日葵) seeds (子)
[85] 半粒小麦 – bàn lì xiǎomài – half (半) grain of (粒) wheat (小麦)
[86] 苍翠 – cāngcuì – verdant; dark green; luxuriant

我打一个呵欠[87]，点起一支纸烟，喷出[88]烟来，对着灯默默地敬莫[89]这些苍翠[90]精致[91]的英雄[92]们。

一九二四年九月十五日

---

[87] 呵欠 – hāqiàn – to yawn
[88] 喷出 – pēnchū – to erupt; to spurt; to emit
[89] 敬莫 – jìngdiàn – to pay homage to the dead with respect
[90] 苍翠 – cāngcuì – covered with green growth; verdant
[91] 精致 – jīngzhì – fine; delicate
[92] 英雄 – yīngxióng – hero

Zài wǒ de hòuyuán, kěyǐ kànjiàn qiángwài yǒu liǎng zhū shù, yī zhū shì zǎoshù, háiyǒu yī zhū yě shì zǎoshù.

Zhè shàngmiàn de yè de tiānkōng, qíguài ér gāo, wǒ shēngpíng méiyǒu jiànguò zhèyàng qíguài ér gāo de tiānkōng. Tā fǎngfú yào líkāi rénjiān ér qù, shǐ rénmen yǎngmiàn bù zài kànjiàn. Rán'ér xiànzài què fēicháng zhī lán, shǎnshǎn de shǎnzhe jǐshí gè xīngxing de yǎn, lěngyǎn. Tā de kǒujiǎo shàng xiànchū wēixiào, sìhū zì yǐwéi dàyǒu shēnyì, ér jiāng fánshuāng sǎzài wǒ de yuánli de yě huācǎo shàng.

Wǒ bù zhīdao nàxiē huācǎo zhēn jiào shénme míngzi, rénmen jiào tāmen shénme míngzi. Wǒ jìde yǒu yī zhǒng kāiguò jí xìxiǎo de fěnhóng huā, xiànzài hái kāizhe, dànshì gèng jí xìxiǎo le, tā zài lěng de yè qì zhōng, sèsuō de zuòmèng, mèngjiàn chūn de dàolái, mèngjiàn qiū de dàolái, mèngjiàn shòu de shīrén jiāng yǎnlèi cāzài tā zuì mò de huābàn shàng, gàosu tā qiū suīrán lái, dōng suīrán lái, ér cǐhòu jiēzhe háishi chūn, húdié luànfēi, mìfēng dōu chàngqǐ chūncí lái le. Tā yúshì yī xiào, suīrán yánsè dòng de hóngcǎncǎn de, réngrán sèsuōzhe.

Zǎoshù, tāmen jiǎnzhí luòjìn le yèzi. Xiānqián, háiyǒu yī-liǎng gè háizi lái dǎ tāmen biérén dǎshèng de zǎozi, xiànzài shì yī gè yě bù shèng le, lián yèzi yě luòjìn le. Tā zhīdao xiǎo fěnhóng huā de mèng, qiū hòu yào yǒu chūn; tā yě zhīdao luòyè de mèng, chūn hòu háishi qiū. Tā jiǎnzhí luòjìn yèzi, dān shèng gànzi, rán'ér tuōle dāngchū mǎn shù shì guǒshí hé yèzi shíhou de húxíng, qiànshēn de hěn shūfú. Dànshì, yǒu jǐ zhī hái dīyàzhe, hùdìng tā cóng dǎ zǎo de gānshāo suǒ dé de píshāng, ér zuì zhí zuì zhǎng de jǐ zhī, què yǐ mòmò de tiě shìde zhí cìzhe qíguài ér gāo de tiānkōng, shǐ tiānkōng shǎnshǎn de guǐ shǎn yǎn; zhí cìzhe tiānkōng zhōng yuánmǎn de yuèliàng, shǐ yuèliàng jiǒng de fābái.

Guǐ shǎn yǎn de tiānkōng yuèjiā fēicháng zhī lán, bù'ān le, fǎngfú xiǎng líqù rénjiān, bìkāi zǎoshù, zhǐ jiāng yuèliàng shèngxià. Rán'ér yuèliàng yě àn'àn de duǒdào dōngbiān qù le. Ér yīwú-suǒyǒu de gànzi, què réngrán mòmò de tiě shìde zhí cìzhe qíguài ér gāo de tiānkōng, yī yì yào zhì tā de sǐmìng, bùguǎn tā gèshì-gèyàng de shǎnzhe xǔduō gǔhuò de yǎnjīng.

Wā de yī shēng, yè yóu de èniǎo fēiguò le.

Wǒ hū'ér tīngdào yèbàn de xiàoshēng, chīchī de, sìhū bù yuànyì jīngdòng shuìzhe de rén, rán'ér sì wéi de kōngqì dōu yìnghèzhe xiào. Yèbàn, méiyǒu biéde rén, wǒ jíkè tīngchū zhè shēngyīn jiù zài wǒ zuǐli, wǒ yě jíkè bèi zhè xiàoshēng suǒ qūzhú, huíjìn zìjǐ de fáng. Dēnghuǒ de dàizi yě jíkè bèi wǒ xuángāo le.

Hòuchuāng de bōli shàng dīngdīng de xiǎng, háiyǒu xǔduō xiǎo fēichóng luànzhuàng. Bù duō jiǔ, jǐ gè jìnlái le, xǔ shì cóng chuāngzhǐ de pòkǒng jìnlái de. Tāmen yī jìnlái, yòu zài bōli de dēngzhào shàng zhuàngde dīngdīng de xiǎng. Yī gè cóng shàngmiàn zhuàng jìnqù le, tā yúshì yùdào huǒ, érqiě wǒ yǐwéi zhè huǒ shì zhēn de. Liǎng-sān gè què xiūxī zài dēng de zhǐzhào shàng chuǎnqì. Nà zhào shì zuówǎn xīn huàn de zhào, xuěbái de zhǐ, zhéchū bōlàng wén de diéhén, yī jiǎo hái huàchū yī zhī xīnghóng sè de zhīzi.

Xīnghóng de zhīzi kāihuā shí, zǎoshù yòu yào zuò xiǎo fěnhóng huā de mèng, qīngcōng de wānchéng húxíng le......Wǒ yòu tīngdào yèbàn de xiàoshēng; wǒ gǎnjǐn kǎnduàn wǒ de xīnxù, kàn nà lǎo zài bái zhǐzhào shàng de xiǎo qīngchóng, tóu dà wěi xiǎo, xiàngrìkuí zǐ shìde, zhǐyǒu bàn lì xiǎomài nàme dà, biànshēn de yánsè cāngcuì de kě'ài, kělián.

Wǒ dǎ yī gè hāqiàn, diǎnqǐ yī zhī zhǐyān, pēnchū yān lái, duìzhe dēng mòmò de jìngdiàn zhèxiē cāngcuì jīngzhì de yīngxióngmen.

Yī jiǔ èr sì nián jiǔ yuè shíwǔ rì.

Hope

《希望》

《Xīwàng》

Hope was first published on January 1st, 1925. The concept of hope is a common theme in Lu Xun's work. In the preface of Nahan (呐喊自序), he tells the reader that his reason for writing short stories was because he could not rule out hope for the next generation.

> 我虽然自有我的确信，然而说到希望，却是不能抹杀的，因为希望是在于将来，决不能以我之必无的证明，来折服了他之所谓可有。

> True, in spite of my own conviction, I could not blot out hope, for hope lies in the future. I could not use my own evidence to refute his assertion that it might exist.

In his short story, *My Hometown* (故乡), he concludes the story by stating his description of hope:

> 希望本是无所谓有，无所谓无的。这正如地上的路；其实地上本没有路，走的人多了，也便成了路。

> I thought: hope cannot be said to exist, nor can it be said not to exist. It is just like roads across the earth. For actually the earth had no roads to begin with, but when many men pass one way, a road is made.[1]

In this piece, Lu Xun takes a more dismal look at the concept of hope as he struggled during this depressing time in his life.

---

[1] Translated by Yang Hsien-yi and Gladys Yang as from *Selected Stories of Lu Hsun*

《希望》

我的心分外地寂寞。

然而我的心很平安；没有爱憎[2]，没有哀乐[3]，也没有颜色和声音。

我大概老了。我的头发已经苍白[4]，不是很明白的事么？我的手颤抖[5]着，不是很明白的事么？那么我的灵魂的手一定也颤抖着，头发也一定苍白了。

然而这是许多年前的事了。

这以前，我的心也曾充满[6]过血腥[7]的歌声：血和铁，火焰[8]和毒[9]，恢复[10]和报仇[11]。而忽然这些都空虚了，但有时故意地填以[12]没奈何[13]的自欺[14]的希望。希望，希望，用这希望的盾[15]，抗拒[16]那空虚中的暗夜的

---

[2] 爱憎 – àizèng – love and hate
[3] 哀乐 – āilè – sorrow (哀) and happiness (乐)
[4] 苍白 – cāngbái – white; pale
[5] 颤抖 – chàndǒu – to shiver; to tremble; to shake
[6] 充满 – chōngmǎn – full of; filled with
[7] 血腥 – xuèxīng – reeking of blood; bloody; sanguinary; blood-stained; crimson
[8] 火焰 – huǒyàn – flame
[9] 毒 – dú – poison
[10] 恢复 – huīfù – to resume; to renew; to refresh
[11] 报仇 – bàochóu – revenge
[12] 填以 – tián yǐ – fill (填) (my heart) with (以)
[13] 没奈何 – méi nàihé – to have no alternative; to have no way out
[14] 自欺 – zìqī – self-deceit
[15] 盾 – dùn – shield; guilder
[16] 抗拒 – kàngjù – to resist; to repel; to protest

袭[17]来，虽然盾后面也依然[18]是空虚中的暗夜。然而就是如此，陆续[19]地耗尽[20]了我的青春。

我早先岂[21]不知我的青春已经逝去[22]？但以为身外的青春固[23]在：星，月光，僵坠[24]的蝴蝶，暗中的花，猫头鹰[25]的不祥[26]之言，杜鹃[27]的啼血[28]，笑的渺茫[29]，爱的翔舞[30]。……虽然是悲凉[31]漂渺[32]的青春罢，然而究竟是青春。

然而现在何以[33]如此寂寞？难道[34]连身外的青春也都逝去，世上的青年也多衰老[35]了么？

---

[17] 袭 – xí – to make a surprise attack on; to attack by surprise; to descend upon
[18] 依然 – yīrán – still; as before
[19] 陆续 – lùxù – continually; one after another; in succession
[20] 耗尽 – hàojìn – to use up; to exhaust
[21] 岂 – qǐ – how can it be that; auxiliary word used in a rhetorical question to denote retortion
[22] 逝去 – shìqù – to elapse; to be gone; to pass by
[23] 固 – gù – firmly
[24] 僵坠 – jiāngzhuì – to die (僵) and drop (坠)
[25] 猫头鹰 – māotóuyīng – owl
[26] 祥 – xiáng – auspicious; lucky; propitious
[27] 杜鹃 – dùjuān – cuckoo
[28] 啼血 – tíxuè – to bleed while crying
　　　杜鹃啼血 – according to old legends, cuckoos (杜鹃) bleed (血) in the mouth while crying (啼)
[29] 渺茫 – miǎománg – uncertain; distant
[30] 翔舞 – xiángwǔ – to fly (翔) and dance (舞)
[31] 悲凉 – bēiliáng – desolate; sad; dreary
[32] 漂渺 – piāomiǎo – obscure; misty
[33] 何以 – héyǐ – why; for what reason
[34] 难道 – nándào – is it possible that; could it be that; used to give force to a rhetorical question
[35] 衰老 – shuāilǎo – old and feeble; getting old; senile

我只得由[36]我来肉搏[37]这空虚中的暗夜了。我放下了希望之盾，我听到Petofi Sandor[38]的"希望"之歌：

希望是什么？是娼妓[39]：

她对谁都蛊惑[40]，将一切都献给[41]；

待[42]你牺牲[43]了极多的宝贝——

你的青春——她就抛弃[44]你。

这伟大[45]的抒情[46]诗人，匈牙利[47]的爱国者，为了祖国而死在可萨克兵[48]的矛尖[49]上，已经七十五年了。悲哉[50]死也，然而更可悲[51]的是他的诗至今没有死。

但是，可惨[52]的人生！桀骜[53]英勇[54]如Petofi，也终于对了暗夜止步[55]，回顾[56]茫茫[57]的东方了。他说：

---

[36] 由 – yóu – to allow; to let

[37] 肉搏 – ròubó – to fight hand-to-hand

[38] Petofi Sandor – (1823-49) Hungarian poet and revolutionary. He is the author of "Nemzeti dal (National Song)" which is said to have inspired the Hungarian Revolution of 1848. He is now considered Hungary's national poet.

[39] 娼妓 – chāngjì – tart whore; harlot; prostitute

[40] 蛊惑 – gǔhuò – to harm by witchcraft; to poison and bewitch

[41] 献给 – xiàngěi – to give; to offer; to devote

[42] 待 – dài – to wait for; to wait until

[43] 牺牲 – xīshēng – at the sacrifice of; at the cost of

[44] 抛弃 – pāoqì – to abandon; to forsake; to cast away

[45] 伟大 – wěidà – great

[46] 抒情 – shūqíng – sentimental; expressing feelings

[47] 匈牙利 – Xiōngyálì – Hungary

[48] 可萨克兵 – Kěsàkè bīng – Cossack soldiers

[49] 矛尖 – máojiān – spearhead

[50] 悲哉 – bēi zāi – (古文) lackaday; used to express regret or deprecation

[51] 可悲 – kěbēi – deplorable; sad; lamentable; woeful

绝望[58]之为虚妄[59]，正与希望相同。

倘使[60]我还得偷生[61]在不明不暗的这"虚妄"中，我就还要寻求那逝去的悲凉漂渺的青春，但不妨[62]在我的身外。因为身外的青春倘一消灭，我身中的迟暮[63]也即[64]凋零[65]了。

然而现在没有星和月光，没有僵坠的蝴蝶以至笑的渺茫，爱的翔舞。然而青年们很平安。

我只得由我来肉搏这空虚中的暗夜了，纵使[66]寻不到身外的青春，也总得自己来一掷[67]我身中的迟暮。但暗夜又在那里呢？现在没有星，没有月光以至没有笑的渺茫和爱的翔舞；青年们很平安，而我的面前又竟[68]至于[69]并且没有真的暗夜。

绝望之为虚妄，正与希望相同！

---

[52] 可惨 – kěcǎn – deplorable; lamentable; sad; miserable

[53] 桀骜 – jié'ào – intractable; obstinate; unruly

[54] 英勇 – yīngyǒng – valiant; heroic; brave; courageous; gallant; plucky

[55] 止步 – zhǐbù – halt; stop

[56] 回顾 – huígù – to look back; review

[57] 茫茫 – mángmáng – boundless; vast

[58] 绝望 – juéwàng – give up hope; despair

[59] 虚妄 – xūwàng – unfounded; fabricated; invented

[60] 倘使 – tǎngshǐ – if; if in case

[61] 偷生 – tōushēng – to live (生) stealthily (偷); to drag out an ignoble existence

[62] 不妨 – bùfáng – might as well

[63] 迟暮 – chímù – late (迟) evening (暮); late days in one's life; past one's prime

[64] 即 – jí – at once; instantly; immediately; at once; right away

[65] 凋零 – diāolíng – wither

[66] 纵使 – zòngshǐ – even if; even though

[67] 掷 – zhì – to throw; to throw away

[68] 竟 – jìng – actually; unexpectedly

[69] 至于 – zhìyú – as for; go so far as to

一九二五年一月一日

Wǒ de xīn fènwài de jìmò.

Rán'ér wǒ de xīn hěn píng'ān; méiyǒu àizèng, méiyǒu āilè, yě méiyǒu yánsè hé shēngyīn.

Wǒ dàgài lǎo le. Wǒ de tóufà yǐjīng cāngbái, bù shì hěn míngbai de shì me? Wǒ de shǒu chàndǒuzhe, bù shì hěn míngbai de shì me? Nàme wǒ de línghún de shǒu yīdìng yě chàndǒuzhe, tóufà yě yīdìng cāngbái le.

Rán'ér zhè shì xǔduō nián qián de shì le.

Zhè yǐqián, wǒ de xīn yě céng chōngmǎnguò xuèxīng de gēshēng: Xuè hé tiě, huǒyàn hé dú, huīfù hé bàochóu. Ér hūrán zhèxiē dōu kōngxū le, dàn yǒushí gùyì de tián yǐ méi nàihé de zìqī de xīwàng. Xīwàng, xīwàng, yòng zhè xīwàng de dùn, kàngjù nà kōngxū zhōng de àn yè de xílái, suīrán dùn hòumiàn yě yīrán shì kōngxū zhōng de àn yè. Rán'ér jiùshì rúcǐ, lùxù de hàojìn le wǒ de qīngchūn.

Wǒ zǎoxiān qǐ bù zhī wǒ de qīngchūn yǐjīng shìqù? Dàn yǐwéi shēnwài de qīngchūn gù zài: Xīng, yuèguāng, jiāngzhuì de húdié, ànzhōng de huā, māotóuyīng de bùxiáng zhī yán, dùjuān de tíxuè, xiào de miǎománg, ài de xiángwǔ.……Suīrán shì bēiliáng piāomiǎo de qīngchūn ba, rán'ér jiūjìng shì qīngchūn.

Rán'ér xiànzài héyǐ rúcǐ jìmò? Nándào lián shēnwài de qīngchūn yě dōu shìqù, shìshàng de qīngnián yě duō shuāilǎo le me?

Wǒ zhǐdé yóu wǒ lái ròubó zhè kōngxū zhōng de àn yè le. Wǒ fàngxià le xīwàng zhī dùn, wǒ tīngdào Petofi Sandor de "xīwàng" zhī gē:

Xīwàng shì shénme? Shì chāngjì:

Tā duì shuí dōu gǔhuò, jiāng yīqiè dōu xiàngěi;

Dài nǐ xīshēngle jí duō de bǎobèi —— 

Nǐ de qīngchūn —— tā jiù pāoqì nǐ.

Zhè wěidà de shūqíng shīrén, Xiōngyálì de àiguózhě, wèile zǔguó ér sǐ zài Kèsàkè bīng de máojiān shàng, yǐjīng qīshíwǔ nián le. Bēi zāi sǐ yě, rán'ér gèng kěbēi de shì tā de shī zhìjīn méiyǒu sǐ.

Dànshì, kěcǎn de rénshēng! Jié'ào yīngyǒng rú Petofi, yě zhōngyú duìle ànyè zhǐbù, huígù mángmáng de dōngfāng le. Tā shuō:

Juéwàng zhī wéi xūwàng, zhèng yǔ xīwàng xiāngtóng.

Tǎngshǐ wǒ hái děi tōushēng zài bù míng bù àn de zhè "xūwàng" zhōng, wǒ jiù háiyào xúnqiú nà shìqù de bēiliáng piāomiǎo de qīngchūn, dàn bùfáng zài wǒ de shēnwài. Yīnwèi shēn wài de qīngchūn tǎng yī xiāomiè, wǒ shēnzhōng de chímù yě jí diāolíng le.

Rán'ér xiànzài méiyǒu xīng hé yuèguāng, méiyǒu jiāngzhuì de húdié yǐzhì xiào de miǎománg, ài de xiángwǔ. Rán'ér qīngniánmen hěn píng'ān.

Wǒ zhǐdé yóu wǒ lái ròubó zhè kōngxū zhōng de ànyè le, zòngshǐ xúnbùdào shēnwài de qīngchūn, yě zǒngděi zìjǐ lái yī zhì wǒ shēnzhōng de chímù. Dàn ànyè yòu zài nàli ne? Xiànzài méiyǒu xīng, méiyǒu yuèguāng yǐzhì méiyǒu xiào de miǎománg hé ài de xiángwǔ; qīngniánmen hěn píng'ān, ér wǒ de miànqián yòu jìng zhìyú bìngqiě méiyǒu zhēnde ànyè.

Juéwàng zhī wéi xūwàng, zhèng yǔ xīwàng xiāngtóng!

Yī jiǔ èr wǔ nián yī yuè yī rì

---

The Evolution of the Male Sex

《男人的进化》

《Nánrén de Jinhuà》

Lu Xun published this essay on September 16th, 1933 in 《申报·自由谈》 (*Shun Pao* · Free Discussion) under the pen name 旅隼 (Lǚ Sǔn).  In this piece, Lu Xun offers a sharp critique of the treatment of women, especially Chinese women.  He starts with a short history of the relationship between males and females. He quotes from *The Spring and Autumn Annals of Lü,* 《吕氏春秋·恃君览 (Lǚ shì chūn qiū · Shì jūn lǎn )》 giving a description of primitive communities. In this description, the leaders were women and the idea of a male tribal leader had not yet developed.  Lu Xun continues his short description of the evolution of the male sex with the aim of discrediting by association the idea of "scientific chastity" (最科学的). "Scientific chastity" must have been an idea being promulgated at the time, which Lu Xun saw as keeping women bound to victimhood while denying them true fulfillment to their needs and wants. Lu Xun has written many short stories with women being presented as victims. *The New Year's Sacrifice* (祝福) is a good example highlighting women's lack of control over their lives. *Capturing Chinese: The New Year's Sacrifice* is a Capturing Chinese reader that features this story.

Lu Xun's own wife had bound feet and Lu Xun frequently referred to her as his mother's wife, not his own.  He married due to pressure to follow tradition and not for love.  It is said that he never consummated the marriage, but did tend to her financially. Lu Xun found love later in life through his student, Xu Guangping.  They began living together in Shanghai in 1927, and had first met in 1925.

《男人的进化[1]》

虞明[2]

　　说禽兽[3]交合[4]是恋爱未免[5]有点亵渎[6]。但是，禽兽也有性生活[7]，那是不能否认[8]的。它们在春情发动期[9]，雌[10]的和雄[11]的碰[12]在一起，难免[13]"卿卿我我[14]"的来一阵[15]。固然[16]，雌的有时候也会装腔做势[17]，逃几步又回头看，还要叫几声，直到实行"同居[18]之爱"为止[19]。禽兽的种类虽然多，它们的"恋爱"方式虽然复杂，可是有一件事是没有疑问[20]的：就是雄的不见得有什么特权[21]。

---

[1] 进化 – jìnhuà – evolution

[2] 虞明 – Yúmíng – a pen name of Lu Xun; 虞明 is homonymic with 愚 (yú – to fool) 民 (mín – people) and is used here to satirize the obstructionist policies conducted by the Kuomintang. Lu Xun used 179 pen names in his life.

[3] 禽兽 – qínshòu – birds (禽) and beasts (兽)

[4] 交合 – jiāohé – to copulate; to mate; to pair

[5] 未免 – wèimiǎn – rather

[6] 亵渎 – xièdú – to blaspheme; to profane; to pollute; to desecrate

[7] 性生活 – xìng shēnghuó – sexual life

[8] 否认 – fǒurèn – to deny; to repudiate; to negate

[9] 春情发动期 – chūnqíng fādòng qī – puberty

[10] 雌 – cí – female

[11] 雄 – xióng – male

[12] 碰 – pèng – to run into; to encounter

[13] 难免 – nánmiǎn – hard to avoid; inevitable

[14] 卿卿我我 – qīngqīng-wǒwǒ – (成语) very intimate in love; lovey-dovey; bill and coo; whispers of love

[15] 一阵 – yīzhèn – a burst; a fit; a peal; a round

[16] 固然 – gùrán – of course; really; certainly

[17] 装腔做势 – zhuāngqiāng-zuòshì – to be affected; to put on an act

[18] 同居 – tóngjū – cohabit

[19] 为止 – wéizhǐ – up to; till

[20] 疑问 – yíwèn – doubt; query; question; call in question; query

人为万物之灵[22]，首先[23]就是男人的本领[24]大。最初原是马马虎虎的，可是因为"知有母不知有父[25]"的缘故[26]，娘儿们曾经[27]"统治[28]"过一个时期，那时的祖老太太大概比后来的族长[29]还要威风[30]。后来不知怎的，女人就倒了霉[31]：项颈[32]上，手上，脚上，全都锁[33]上了链条[34]，扣[35]上了圈儿[36]，环儿[37]，——虽则[38]过了几千年这些圈儿环儿大都已经变成了金的银的，镶[39]上了珍珠宝钻[40]，然而这些项圈，镯子[41]，戒指[42]等等，到现在还是女奴的象征[43]。既然[44]女人成了奴隶[45]，那就男人不必

---

[21] 特权 – tèquán – privilege; special rights; prerogative

[22] 万物之灵 – wànwù zhī líng – the soul (灵) of all living things (万物); lord of creation

[23] 首先 – shǒuxiān – first; at first; firstly

[24] 本领 – běnlǐng – ability; capability; skill

[25] 知有母不知有父 – zhī yǒu mǔ bù zhī yǒu fù – (of a person) to know his/her mother but not father (which means this is a matriarchal society). Refers to a description of primitive communities as recorded in *The Spring and Autumn Annals of Lü*, 《吕氏春秋·恃君览 (Lǚ shì chūn qiū · Shì jūn lǎn )》:

> 昔太古尝无君矣，其民聚生群处，知母不知父。
> Xī tài gǔ cháng wú jūn yǐ, qí mín jù shēng qún chù, zhī mǔ bù zhī fù.

[26] 缘故 – yuángù – reason; cause

[27] 曾经 – céngjīng – ever; once

[28] 统治 – tǒngzhì – to control; to rule; to dominate

[29] 族长 – zúzhǎng – the head of a clan; clan leader

[30] 威风 – wēifēng – power and prestige

[31] 倒霉 – dǎoméi – to be out of luck; to have bad luck

[32] 项颈 – xiàngjǐng – nape; neck

[33] 锁 – suǒ – to lock up

[34] 链条 – liàntiáo – chain

[35] 扣 – kòu – to buckle; to button; to hook up

[36] 圈儿 – quānr – ring

[37] 环儿 – huánr – loop

[38] 虽则 – suīzé – though; although; nevertheless

[39] 镶 – xiāng – to inlay; to embed

[40] 珍珠宝钻 – zhēnzhū bǎozuàn – pearl (珍珠), gem (宝) and diamond (钻)

[41] 镯子 – zhuózi – bracelet

[42] 戒指 – jièzhǐ – ring

[43] 象征 – xiàngzhēng – to symbolize; to signify

[44] 既然 – jìrán – now that; as; since

征求[46]她的同意再去"爱"她了。古代部落[47]之间的战争，结果俘虏[48]会变成奴隶，女俘虏就会被强奸[49]。那时候，大概春情发动期早就"取消"了，随时随地[50]男主人都可以强奸女俘虏，女奴隶。现代强盗[51]恶棍[52]之流[53]的不把女人当人，其实是大有酋长[54]式[55]武士道[56]的遗风[57]的。

但是，强奸的本领虽然已经是人比禽兽"进化"的一步，究竟还只是半开化。你想，女的哭哭啼啼[58]，扭手扭脚[59]，能有多大兴趣？自从[60]金钱这宝贝[61]出现之后，男人的进化就真的了不得了。天下的一切都可以买卖，性欲[62]自然并非[63]例外[64]。男人化几个臭钱[65]，就可以得到他在女人身上所要得到的东西。而且他可以给她说：我并非强奸你，

---

[45] 奴隶 − núlì − slave

[46] 征求 − zhēngqiú − to solicit; to seek; to ask for

[47] 部落 − bùluò − tribe

[48] 俘虏 − fúlǔ − captive; prisoner

[49] 强奸 − qiángjiān − to rape

[50] 随时随地 − suíshísuídì − (成语) any time and any place; at all times and places

[51] 强盗 − qiángdào − robber; bandit; pirate

[52] 恶棍 − ègùn − ruffian; scoundrel; rascal

[53] 之流 − zhī liú − and his like; and his ilk

[54] 酋长 − qiúzhǎng − chief of a tribe; chieftain; headman

[55] 式 − shì − pattern; type; model; style

[56] 武士道 − wǔshìdào − *bushido*; the traditional code of the Japanese samurai, stressing, honor, self-discipline, bravery, simple living and absolute loyalty to the master even at the expense of one's life.

[57] 遗风 − yífēng − custom handed down from the past

[58] 哭哭啼啼 − kūkū-títí − (成语) to endlessly weep and wail; to weep and sniffle

[59] 扭手扭脚 − niǔ shǒu niǔ jiǎo − mincing; affected; twisting (扭) arms (手) and legs (脚)

[60] 自从 − zìcóng − since

[61] 宝贝 − bǎobèi − treasure

[62] 性欲 − xìngyù − sexual desire; sexual urge; libido

[63] 并非 − bìngfēi − really not; far from

[64] 例外 − lìwài − exception

[65] 臭钱 − chòuqián − dirty money; filthy money

这是你自愿[66]的，你愿意拿几个钱，你就得如此这般，百依百顺[67]，咱们[68]是公平交易[69]！蹂躏[70]了她，还要她说一声"谢谢你，大少[71]"。这是禽兽干得来的么？所以嫖妓[72]是男人进化的颇高[73]的阶段[74]了。

同时，父母之命媒妁之言[75]的旧式婚姻，却要比嫖妓更高明。这制度之下，男人得到永久的终身的活财产[76]。当新妇被人放到新郎的床上的时候，她只有义务[77]，她连讲价钱的自由也没有，何况[78]恋爱。不管你爱不爱，在周公[79]孔圣人[80]的名义[81]之下，你得从一而终[82]，你得守贞操[83]。男人可以随时使用她，而她却要遵守[84]圣贤[85]的礼教[86]，即使"只在心里动了恶念[87]"，也要算犯奸淫[88]"[89]的。如果雄狗[90]对雌狗[91]用起

---

[66] 自愿 – zìyuàn – voluntarily; willingly
[67] 百依百顺 – bǎiyī-bǎishùn – (成语) docile and obedient
[68] 咱们 – zánmen – we
[69] 公平交易 – gōngpíng jiāoyì – fair deal
[70] 蹂躏 – róulìn – to rack; to trample on
[71] 大少 – dàshào – sir; mister; a honorific title to young men or sons from rich families in ancient times
[72] 嫖妓 – piáojì – whoredom; prostitution
[73] 颇高 – pō gāo – quite (颇) high (高)
[74] 阶段 – jiēduàn – stage; phase; period
[75] 媒妁之言 – méishuò zhī yán – (成语) the words of a match-maker
[76] 活财产 – huó cáichǎn – moving/walking (活) property (财产)
[77] 义务 – yìwù – duty; obligation; commitment
[78] 何况 – hékuàng – let alone; needless to say
[79] 周公 – Zhōu gōng – The Duke (公) of Zhou (周); (approx 1100 B.C.E.) referring to 姬旦 (Jī Dàn) a politician in the Zhou Dynasty. The marriage rules and policies (*Classic of Rites* 《礼经》 *Lǐ Jīng*) he established had a profound influence in feudal China. He said little about the relations between husband and wife after marriage.
[80] 孔圣人 – Kǒng shèngrén – Saint (圣人) Confucius (孔)
[81] 名义 – míngyì – in the name of
[82] 从一而终 – cóngyī-érzhōng – (成语) to be faithful (to husband) till death
[83] 守贞操 – shǒu zhēncāo – (of women) to keep (守) chastity (贞操)
[84] 遵守 – zūnshǒu – to abide by; to observe; to comply with; to obey
[85] 圣贤 – shèngxián – sage; the virtuous
[86] 礼教 – lǐjiào – moral code; the Confucian or feudal ethical code
[87] 恶念 – èniàn – a vicious idea; evil intention

这样巧妙[92]而严厉[93]的手段[94]来，雌的一定要急得"跳墙[95]"。然而人却只会跳井[96]，当节妇[97]，贞女[98]，烈女[99]去。礼教婚姻的进化意义，也就可想而知[100]了。

至于[101]男人会用"最科学[102]的"学说，使得[103]女人虽无礼教，也能心甘情愿[104]地从一而终，而且深信[105]性欲是"兽欲"，不应当[106]作为恋爱的基本条件，因此发明"科学的贞操[107]"，——那当然是文明进化的顶点[108]了。

---

[88] 奸淫 - jiānyín - adultery; debauchery

[89] 只在心里动了恶念，也要算犯奸淫 - zhǐ zài xīnli dòngle èniàn, yěyào suàn fàn jiānyín - to conceive an unclean thought is to be guilty of adultery (here referring to women committing adultery); from The New Testament Gospel of Matthew Chapter 5:

> But, I am telling you, whoever looks upon a woman lustfully, at once he has fornicated with her in his heart.

[90] 雄狗 - xióng gǒu - male dog

[91] 雌狗 - cí gǒu - female dog

[92] 巧妙 - qiǎomiào - ingenious; clever; skillful; artful; masterly

[93] 严厉 - yánlì - stern; severe; harsh

[94] 手段 - shǒuduàn - means; method

[95] 跳墙 - tiào qiáng - to jump off a wall

[96] 跳井 - tiào jǐng - (commit suicide by) jumping into a well

[97] 节妇 - jiéfù - virtuous woman

[98] 贞女 - zhēnnǚ - chastity; woman who is only faithful to her husband and never gets remarried during her lifetime

[99] 烈女 - liènǚ - woman who dies in defense of her honor chastity or virginity

[100] 可想而知 - kěxiǎng-érzhī - (成语) it can well be imagined; one can imagine

[101] 至于 - zhìyú - as for; go so far as to

[102] 科学 - kēxué - scientific

[103] 使得 - shǐde - cause

[104] 心甘情愿 - xīngān-qíngyuàn - (成语) willingly; without protest

[105] 深信 - shēnxìn - to believe firmly; to believe deeply

[106] 应当 - yīngdāng - should; ought to

[107] 贞操 - zhēncāo - chastity; loyalty

[108] 顶点 - dǐngdiǎn - top; peak; climax; pinnacle; zenith

呜呼[109]，人——男人——之所以异于[110]禽兽者！

自注：这篇文章是卫道[111]的文章。

九月三日。

---

[109] 呜呼 – wūhū – alas; alack
[110] 异于 – yì yú – different from
[111] 卫道 – wèidào – defend traditional moral principles

《Nánrén de Jìnhuà》

Yúmíng

Shuō qínshòu jiāohé shì liàn'ài wèimiǎn yǒudiǎn xièdú. Dànshì, qínshòu yě yǒu xìng shēnghuó, nàshì bù néng fǒurèn de. Tāmen zài chūnqíng fādòng qī, cíde hé xióngde pèngzài yīqǐ, nánmiǎn "qīngqīng-wǒwǒ" de lái yīzhèn. Gùrán, cíde yǒushíhou yě huì zhuāngqiāng-zuòshì, táo jǐ bù yòu huítóu kàn, háiyào jiào jǐ shēng, zhídào shíxíng "tóngjū zhī ài" wéizhǐ. Qínshòu de zhǒnglèi suīrán duō, tāmen de "liàn'ài" fāngshì suīrán fùzá, kěshì yǒu yī jiàn shì shì méiyǒu yíwèn de: Jiùshì xióngde bùjiànde yǒu shénme tèquán.

Rén wéi wànwù zhī líng, shǒuxiān jiùshì nánrén de běnlǐng dà. Zuìchū yuán shì mǎmǎ-hūhū de, kěshì yīnwèi "zhī yǒu mǔ bù zhī yǒu fù" de yuángù, niáng'érmen céngjīng "tǒngzhì" guò yī gè shíqī, nàshí de zǔlǎo tàitai dàgài bǐ hòulái de zúzhǎng háiyào wēifēng. Hòulái bùzhī zěn de, nǚrén jiù dǎole méi: Xiàngjǐng shàng, shǒu shàng, jiǎo shàng, quándōu suǒshàng le liàntiáo, kòushàng le quānr, huánr, —— suī zé guòle jǐqiān nián zhèxiē quānr huánr dàdōu yǐjīng biànchéng le jīn de yín de, xiāngshàng le zhēnzhū bǎozuàn, rán'ér zhèxiē xiàngquān, zhuózi, jièzhǐ děngděng, dào xiànzài háishì nǚnú de xiàngzhēng. Jìrán nǚrén chéngle núlì, nà jiù nánrén bù bì zhēngqiú tā de tóngyì zài qù "ài" tā le. Gǔdài bùluò zhījiān de zhànzhēng, jiéguǒ fúlǔ huì biànchéng núlì, nǚ fúlǔ jiù huì bèi qiángjiān. Nà shíhou, dàgài chūnqíng fādòng qī zǎojiù "qǔxiāo" le, suíshí-suídì nán zhǔrén dōu kěyǐ qiángjiān nǚ fúlǔ, nǚ núlì. Xiàndài qiángdào ègùn zhī liú de bù bǎ nǚrén dāng rén, qíshí shì dà yǒu qiúzhǎng shì wǔshìdào de yífēng de.

Dànshì, qiángjiān de běnlǐng suīrán yǐjīng shì rén bǐ qínshòu "jìnhuà" de yī bù, jiūjìng hái zhǐshì bàn kāihuà. Nǐ xiǎng, nǚde kūkū-títí, niǔ shǒu niǔ jiǎo, néng yǒu duōdà xìngqù? Zìcóng jīnqián zhè bǎobèi chūxiàn zhīhòu, nánrén de jìnhuà jiù zhēnde liǎobùdé le. Tiānxià de yīqiè dōu kěyǐ mǎimài, xìngyù zìrán bìngfēi lìwài. Nánrén huā jǐ gè chòuqián, jiù kěyǐ dédào tā zài nǚrén shēnshàng suǒ yào dédào de dōngxi. Érqiě tā kěyǐ gěi tā shuō: Wǒ bìngfēi qiángjiān nǐ, zhè shì nǐ zìyuàn de, nǐ yuànyì ná jǐ gè qián, nǐ jiùděi rúcǐ zhèbān, bǎiyī-bǎishùn, zánmen shì gōngpíng jiāoyì! Róulìnle tā, háiyào tā shuō yī shēng "xièxiè nǐ, dàshào". Zhè shì qínshòu gàndelái de me? Suǒyǐ piáojì shì nánrén jìnhuà de pō gāo de jiēduàn le.

Tóngshí, fùmǔ zhī mìng méishuò zhī yán de jiùshì hūnyīn, què yào bǐ piáojì gèng gāomíng. Zhè zhìdù zhīxià, nánrén dédào yǒngjiǔ de zhōngshēn de huó cáichǎn. Dāng xīnfù bèi rén fàngdào xīnláng de chuángshàng de shíhou, tā zhǐyǒu yìwù, tā lián jiǎng jiàqián de zìyóu yě méiyǒu, hékuàng liàn'ài. Bùguǎn nǐ ài bù ài, zài Zhōu gōng Kǒng shèngrén de míngyì zhīxià, nǐ děi cóngyī-érzhōng, nǐ děi shǒu zhēncāo. Nánrén kěyǐ suíshí shǐyòng tā, ér tā què yào zūnshǒu shèngxián de lǐjiào, jíshǐ "zhǐ zài xīnli dòngle èniàn, yěyào suàn fàn jiānyín" de. Rúguǒ xióng gǒu duì cí gǒu yòngqǐ zhèyàng qiǎomiào ér yánlì de shǒuduàn lái, cíde yīdìng yào jíde "tiào qiáng". Rán'ér rén què zhǐhuì tiào jǐng, dāng jiéfù, zhēnnǚ, liènǚ qù. Lǐjiào hūnyīn de jìnhuà yìyì, yě jiù kěxiǎng-érzhī le.

Zhìyú nánrén huì yòng "zuì kēxué de" xuéshuō, shǐde nǚrén suī wú lǐjiào, yě néng xīngān-qíngyuàn de cóngyī-érzhōng, érqiě shēnxìn xìngyù shì "shòuyù", bù yīngdāng zuòwéi liàn'ài de jīběn tiáojiàn, yīncǐ fāmíng "kēxué de zhēncāo", —— nà dāngrán shì wénmíng jìnhuà de dǐngdiǎn le.

Wūhū, rén —— nánrén —— zhīsuǒyǐ yì yú qínshòu zhě!

Zì zhù: Zhè piān wénzhāng shì wèidào de wénzhāng.

Jiǔ yuè sān rì.

胡适

# Introduction to Hu Shi

Hu Shi (胡适 - Hú Shì) is a Chinese scholar, philosopher, diplomat and essayist who was born December 17, 1891 in Shanghai, China and died February 24, 1962 in Taiwan. Hu Shi is well respected for his help on the institutionalization of vernacular Chinese as the formal written language of China. Today, he has become an inspiration and influence to modern China due to his exemplary contributions to Chinese liberalism and language reform.

Hu was a recipient of the Boxer Indemnity Scholarship Program, which provided for Chinese students to study in the US. In 1910, he enrolled at Cornell University's agriculture program. His passion for language motivated him to shift from the agriculture school to literature and philosophy in 1912. After his undergraduate degree he went on to study under the tutelage of John Dewey at Columbia University.

Hu Shi was deeply influenced by Dewey's perspectives towards *pragmatic evolutionary change*, and brought his professor's idealisms back to China. He facilitated a series of lectures in Peking University where he served tenure. Chinese intellectuals admired Hu's strong conviction, and he quickly rose to prominence. He became a leader among Chinese intellectuals and supported the May Fourth Movement.

With the aid of his devout supporters, he wrote several political journals and newspapers. He also led the advocacy towards language reform. He proposed that classical Chinese should be replaced by vernacular Chinese as the formal writing medium which would thus simplify the writing process and allow average Chinese people to enjoy literature, newspapers, etc. Hu succeeded on this endeavor and was one of his most important contributions to modern China.

In 1938, Hu served as the ambassador of China to the United States until 1942. In 1946, he went back to China and became chancellor of Peking University. However, on the eve on the communist revolution in 1949 he moved to New York where he lived in

semiretirement. In 1956 he went to Taiwan to become president of the Academia Sinica in Taipei.

He continued to write through the Free China Journal where he was chief executive. While being a vigorous critic of the communist government on the mainland, the Kuomintang (the government in Taiwan) gave him no mercy. The journal was eventually shut down by the Taiwanese government due to its solid criticisms against Chang Kai-Shek.

On the mainland, Hu Shi was vilified as an American trained, liberal intellectual. He was even denounced by his own son. The *pragmatic evolutionary change* that Hu Shi had preached had been replaced by revolutionary change instead. His works were in disrepute in Mainland China until an article written in 1986 advocated remembering Hu Shi's great contributions to modern Chinese literature.

At the age of 70, he perished due to a heart attack. He is buried in a tomb inside the campus of Academia Sinica in Taipei, Taiwan.

My Mother

《我的母亲》

《Wǒ de Mǔqīn》

Hu Shi wrote this piece in 1920. He writes fondly of the loving care provided by his mother during his childhood. Hu Shi's father died when he was only four years old. His mother, then 23, played the instrumental role of raising him in her ancestral town of Ji Xi (绩溪县) in Anhui (安徽) Province. While his mother was a "traditional" Chinese woman, she also supported a "modern" education for Hu Shi. Hu Shi left his hometown when he was only 13 to study in Shanghai. Shanghai was a seven-day journey from his rural hometown and was filled with foreign influences. Hu Shi credits all of his success to the loving care showed to him by his mother.

## 《我的母亲》

　　每天天刚亮时，我母亲便把我喊醒[1]，叫我披衣[2]坐起。我从不知道她醒来坐了多久了，她看我清醒了，便对我说昨天我做错了什么事，说错了什么话，要我认错，要我用功[3]读书，有时侯她对我说父亲的种种好处，她说："你总要踏上[4]你老子[5]的脚步。我一生只晓得[6]这一个完全的人，你要学他，不要跌他的股[7]，"（跌股便是丢脸[8]、出丑[9]）她说到伤心[10]处，往往掉下泪来，到天大明时，她才把我的衣服穿好，催[11]我去上早学[12]。学堂[13]门上的锁匙[14]放在先生家里；我先到学堂门口一望[15]，便跑到先生家里去敲门[16]。先生家里有人把锁匙从门缝[17]里递[18]出来，

---

[1] 喊醒 - hǎnxǐng - to wake up
[2] 披衣 - pī yī - to put on clothes
[3] 用功 - yònggōng - hardworking; diligent; studious
[4] 踏上 - tàshàng - to step onto
[5] 老子 - lǎozi - (informal) father
[6] 晓得 - xiǎode - to know; to understand
[7] 跌股 - diēgǔ - (dialect) to lose face; today it's a financial term: falling stocks
[8] 丢脸 - diūliǎn - to lose face; to be disgraced; to fall into contempt; to be in disgrace; to bring shame or disgrace on oneself
[9] 出丑 - chūchǒu - to make a fool of oneself; to cut a poor figure; to make a spectacle of oneself
[10] 伤心 - shāngxīn - grieved; broken-hearted; sorrowful
[11] 催 - cuī - to hurry; to urge; to press
[12] 上早学 - shàng zǎoxué - to go to school early
[13] 学堂 - xuétáng - school
[14] 锁匙 - suǒchǐ - key
[15] 一望 - yī wàng - to have a look at
[16] 敲门 - qiāomén - to knock at a door
[17] 门缝 - ménfèng - crack between a door and its frame
[18] 递 - dì - to pass over; to hand over

我拿了跑回去，开了门，坐下念¹⁹生书²⁰，十天之中，总有八、九天我是第一个去开学堂门的。等到先生来了，我背²¹了生书，才回家吃早饭。

我母亲管束²²我最严，她是慈爱²³母兼任²⁴严父²⁵。但她从来不在别人面前骂我一句，打我一下。我做错了事，她只对我一望，我看见了她的严厉眼光，便吓住²⁶了，犯的事小²⁷，她等到第二天早晨我睡醒时才教训²⁸我。犯的事大，她等人静时，关了房门，先责备²⁹我，然后行罚³⁰，或罚跪³¹，或拧³²我的肉，无论怎样重罚³³，总不许我哭出声音来，她教训儿子不是借此出气³⁴叫别人听的。

有一个初秋的傍晚³⁵，我吃了晚饭，在门口玩，身上只穿着一件单背心³⁶，这时候我母亲的妹子玉英³⁷姨母³⁸在我家住，她怕我冷了，拿

---

¹⁹ 念 – niàn – to read

²⁰ 生书 – shēng shū – unread (生) content (书) in book; new lesson

²¹ 背 – bèi – recite; memorize

²² 管束 – guǎnshù – to discipline; to control; to restrain

²³ 慈爱 – cí'ài – (usually toward the young, the deprived, etc.) affectionate love; loving kindness; charity; motherliness; kindliness

²⁴ 兼任 – jiānrèn – to serve (in a position) concurrently or as a second job; to hold a concurrent post

²⁵ 严父 – yánfù – stringent (严) father (父)

²⁶ 吓住 – xiàzhù – to frighten

²⁷ 犯事 – fànshì – to make a mistake; to commit a crime

²⁸ 教训 – jiàoxun – teach…a lesson

²⁹ 责备 – zébèi – to reproach; to blame; to reprimand

³⁰ 行罚 – xíng fá – to carry out (行) punishment (罚)

³¹ 罚跪 – fá guì – to kneel down as a punishment

³² 拧 – nǐng – to twist; to wrench

³³ 重罚 – zhòngfá – severe punishment

³⁴ 借此出气 – jiècǐ chūqì – to take (借) this (此) (opportunity) to vent one's anger (出气)

³⁵ 傍晚 – bàngwǎn – evening; at dusk; at nightfall; toward evening

³⁶ 单背心 – dānbèixīn – vest; waistcoat; sleeveless jacket; singlet

³⁷ 玉英 – Yùyīng – name of Hu Shi's aunt

了一件小衫³⁹出来叫我穿上。我不肯穿，她说："穿上吧，凉了。"我随口⁴⁰回答："娘（凉）什么！老子都不老子呀。"我刚说了这句话，一抬头，看见母亲从家里走出，我赶快把小衫穿上。但她已听见这句轻薄⁴¹的话了。晚上人静后，她罚我跪下⁴²，重重的责罚⁴³了一顿⁴⁴。她说："你没了老子，是多么得意的事！好用来说嘴⁴⁵！"她气的坐着发抖⁴⁶，也不许我上床⁴⁷去睡⁴⁸。这是我的严师⁴⁹，我的慈母⁵⁰。

　　我母亲待人⁵¹最仁慈⁵²，最温和，从来没有一句伤人感情的话；但她有时侯也很有刚气⁵³，不受一点人格上的侮辱⁵⁴。我家五叔⁵⁵是个无正业⁵⁶的浪人⁵⁷，有一天在烟馆里发牢骚⁵⁸，说我母亲家中有事请某人帮忙，大概总有什么好处给他。这句话传到了我母亲耳朵里，她气得大哭，

---

请了几位本家来，把五叔喊[59]来，她当面质问[60]他给了某人什么好处。直到五叔当众认错赔罪[61]，她才罢休[62]。我在我母亲的教训之下住了九年，受了她的极[63]大极深的影响。我十四岁（其实只有十二零二、三个月）便离开她了，在这广漠[64]的人海里独自[65]混[66]了二十多年，没有一个人管束过我。如果我学得了一丝一毫[67]的好脾气[68]，如果我学得了一点点待人接物[69]的和气[70]，如果我能宽恕[71]人，体谅[72]人——我都得感谢我的慈母。

---

[59] 喊 – hǎn – to shout; to call out; to cry

[60] 质问 – zhìwèn – to heckle; to question; to interrogate

[61] 赔罪 – péizuì – to apologize

[62] 罢休 – bàxiū – to stop; to give up

[63] 极 – jí – extremely; exceedingly; very

[64] 广漠 – guǎngmò – vast and bare

[65] 独自 – dúzì – alone; by oneself

[66] 混 – hùn – to drift along; to be resigned to circumstances

[67] 一丝一毫 – yīsī-yīháo – (成语) a tiny bit; an iota

[68] 好脾气 – hǎo píqì – good temper

[69] 待人接物 – dàirén- jiēwù – (成语) the way one gets along with people

[70] 和气 – héqì – friendly; gentle; kind; polite

[71] 宽恕 – kuānshù – to pardon; to forgive; to excuse

[72] 体谅 – tǐliàng – to show understanding and sympathy for

《Wǒ de Mǔqīn》

Měitiān tiān gāng liàng shí, wǒ mǔqīn biàn bǎ wǒ hǎnxǐng, jiào wǒ pī yī zuòqǐ. Wǒ cóng bù zhīdao tā xǐnglái zuòle duō jiǔ le, tā kàn wǒ qīngxǐng le, biàn duì wǒ shuō zuótiān wǒ zuòcuò le shénme shì, shuōcuò le shénme huà, yào wǒ rèncuò, yào wǒ yònggōng dúshū, yǒushíhou tā duì wǒ shuō fùqīn de zhǒngzhǒng hǎochù, tā shuō: "Nǐ zǒngyào tàshàng nǐ lǎozi de jiǎobù. Wǒ yīshēng zhǐ xiǎode zhè yī gè wánquán de rén, nǐ yào xué tā, bù yào diē tā de gǔ," (diēgǔ biàn shì diūliǎn, chūchǒu) Tā shuōdào shāngxīnchù, wǎngwǎng diàoxià lèi lái, dào tiān dà míng shí, tā cái bǎ wǒ de yīfú chuānhǎo, cuī wǒ qù shàng zǎoxué. Xuétáng ménshàng de suǒchǐ fàngzài xiānsheng jiāli; wǒ xiān dào xuétáng ménkǒu yī wàng, biàn pǎodào xiānsheng jiāli qù qiāomén. Xiānsheng jiāli yǒu rén bǎ suǒchǐ cóng ménfèng li dì chūlái, wǒ nále pǎohuí qù, kāile mén, zuòxià niàn shēng shū, shí tiān zhīzhōng, zǒngyǒu bā-jiǔ tiān wǒ shì dì-yī gè qù kāi xuétáng mén de. Děngdào xiānsheng lái le, wǒ bèile shēng shū, cái huíjiā chī zǎofàn.

Wǒ mǔqīn guǎnshù wǒ zuì yán, tā shì cí'ài mǔ jiānrèn yánfù. Dàn tā cónglái bù zài biérén miànqián mà wǒ yī jù, dǎ wǒ yī xià. Wǒ zuòcuò le shì, tā zhǐ duì wǒ yī wàng, wǒ kànjiànle tā de yánlì yǎnguāng, biàn xiàzhù le, fàn de shì xiǎo, tā děngdào dì-èr tiān zǎochén wǒ shuìxǐng shí cái jiàoxùn wǒ. Fàn de shì dà, tā děng rén jìng shí, guānle fángmén, xiān zébèi wǒ, ránhòu xíng fá, huò fá guì, huò nǐng wǒ de ròu, wúlùn zěnyàng zhòngfá, zǒng bù xǔ wǒ kūchū shēngyīn lái, tā jiàoxùn érzi bùshì jiècǐ chūqì jiào biérén tīng de.

Yǒu yī gè chūqiū de bàngwǎn, wǒ chīle wǎnfàn, zài ménkǒu wán, shēnshàng zhǐ chuānzhe yī jiàn dānbèixīn, zhè shíhou wǒ mǔqīn de mèizi Yùyīng yímǔ zài wǒ jiā zhù, tā pà wǒ lěng le, nále yī jiàn xiǎoshān chūlái jiào wǒ chuānshàng. Wǒ bù kěn chuān, tā shuō: "Chuānshàng ba, liáng le." Wǒ suíkǒu huídá: "Niáng (liáng) shénme! Lǎozi dōu bù lǎozi ya." Wǒ gāng shuōle zhè jù huà, yī táitóu, kànjiàn mǔqīn cóng jiāli zǒuchū, wǒ gǎnkuài bǎ xiǎoshān chuānshàng. Dàn tā yǐ tīngjiàn zhè jù qīngbó de huà le. Wǎnshàng rén jìng hòu, tā fá wǒ guìxià, zhòngzhòng de zéfále yī dùn. Tā shuō: "Nǐ méile lǎozi, shì duōme déyì de shì! Hǎo yònglái shuōzuǐ!" Tā qì de zuòzhe fādǒu, yě bù xǔ wǒ shàngchuáng qù shuì. Zhèshì wǒ de yánshī, wǒ de címǔ.

Wǒ mǔqīn dàirén zuì réncí, zuì wēnhé, cónglái méiyǒu yī jù shāngrén gǎnqíng de huà; dàn tā yǒushíhou yě hěn yǒu gāngqì, bù shòu yīdiǎn réngé shàng de wǔrǔ. Wǒ jiā Wǔ Shū shì gè wú zhèngyè de làngrén, yǒu yī tiān zài yānguǎn li fā láosāo, shuō wǒ mǔqīn jiāzhōng yǒu shì qǐng mǒurén bāngmáng, dàgài zǒng yǒu shénme hǎochù gěi tā. Zhè jù huà chuándào le wǒ mǔqīn ěrduo li, tā qìde dà kū, qǐngle jǐ wèi běnjiā lái, bǎ wǔ shū hǎnlái, tā dāngmiàn zhìwèn tā gěile mǒurén shénme hǎochù. Zhídào Wǔ Shū dāngzhòng rèncuò péizuì, tā cái bàxiū. Wǒ zài wǒ mǔqīn de jiāoxùn zhīxià zhùle jiǔ nián, shòule tā de jí dà jí shēn de yǐngxiǎng. Wǒ shísì suì (qíshí zhǐyǒu shí'èr líng èr-sān gè yuè) biàn líkāi tā le, zài zhè guǎngmò de rénhǎi li dúzì hùnle èrshí duō nián, méiyǒu yī gè rén guǎnshùguò wǒ. Rúguǒ wǒ xuéde le yīsī-yīháo de hǎo píqì, rúguǒ wǒ xuéde le

我的母亲

yīdiǎndiǎn dàirén- jiēwù de héqì, rúguǒ wǒ néng kuānshù rén, tǐliàng rén — wǒ dōu děi gǎnxiè wǒ de címǔ.

# Mr. Almost Good Enough
## 《差不多先生传》
### 《Chàbuduō Xiānsheng Zhuàn》

Hu Shi strongly opposed mediocrity and regularly criticized government officials for their incompetence. Disappointed about the 'close-to-good-enough' performance of the nation's servants and students, he wrote this essay in 1924. *Chabuduo* (差不多) means "good-enough", "close-enough", or "just about". Hu Shi felt the "close-enough" performance of the government officials and students were embarrassing to China's modernization ambitions.

In the essay, Hu presents laziness in human form whom he calls Mr. Chabuduo. Mr. Chabuduo is your typical Chinese man. His philosophy on life is characterized by the phrase, 差不多. For the numerous incidents that he runs into throughout this short story, his response to each situation is 差不多.

Hu Shi mocks people who live by this philosophy and our hero, Mr. Chabuduo, eventually dies because of his lazy, close-enough attitude. Hu Shi criticized how China is responding to the likes of Mr. Chabuduo, in terms of education, work, and discipline. Without any inhibitions, he gave a grave warning that a societal cancer of laziness is spreading and must be suppressed. In the last paragraph, Hu Shi issues a direct warning to his readers that the reputation of Mr. Chabuduo must be stopped or else China would become a country of laziness.

《差不多先生传》

你知道中国最有名的人是谁?

提起此[1]人,人人皆[2]晓[3],处处闻名。他姓差,名不多,是各[4]省[5]各县[6]各村人氏[7]。你一定见过他,一定听过别人谈起他。差不多先生的名字天天挂在大家的口头[8],因为他是中国全国人的代表。

差不多先生的相貌[9]和你和我都差不多。他有一双眼睛,但看的不很清楚;有两只耳朵[10],但听的不很分明;有鼻子[11]和嘴[12],但他对于气味[13]和口味[14]都不很讲究。他的脑子也不小,但他的记性[15]却不很精明[16],他的思想也不很细密[17]。

他常常说:“凡事[18]只要差不多,就好了。何必[19]太精明呢?”

---

[1] 此 – cǐ – this
[2] 皆 – jiē – (古文) all; every
[3] 晓 – xiǎo – know; understand
[4] 各 – gè – each; every; different
[5] 省 – shěng – province
[6] 县 – xiàn – county
[7] 人氏 – rénshì – (of the place of one's origin) from
[8] 挂在…口头 – guàzài…kǒutóu – to discuss; to talk about
[9] 相貌 – xiàngmào – appearance; looks; outward appearance; external appearance
[10] 耳朵 – ěrduo – ear
[11] 鼻子 – bízi – nose
[12] 嘴 – zuǐ – mouth
[13] 气味 – qìwèi – smell; odor; flavor
[14] 口味 – kǒuwèi – taste; flavor of food
[15] 记性 – jìxing – memory
[16] 精明 – jīngmíng – clear
[17] 细密 – xìmì – meticulous; detailed
[18] 凡事 – fán shì – everything
[19] 何必 – hébì – be not necessary; there is no need; why

他小的时候，他妈叫他去买红糖[20]，他买了白糖回来。他妈骂他，他摇摇头[21]说："红糖白糖不是差不多吗？"

他在学堂[22]的时候，先生问他："直隶省[23]的西边是哪一省？"

他说是陕西[24]。先生说，"错了。是山西[25]，不是陕西。"他说："陕西同山西，不是差不多吗？"

后来他在一个钱铺[26]里做伙计[27]；他也会写，也会算，只是总不会精细[28]。十字常常写成千字，千字常常写成十字。掌柜[29]的生气了，常常骂他。他只是笑嘻嘻[30]地赔小心[31]道："千字比十字只多一小撇[32]，不是差不多吗？"

有一天，他为了一件要紧[33]的事，要搭[34]火车到上海去。他从从容容[35]地走到火车站，迟[36]了两分钟，火车已开走了。他白[37]

---

[20] 红糖 – hóngtáng – brown sugar
[21] 摇摇头 – yáoyáotóu – to shake (摇) one's head (头)
[22] 学堂 – xuétáng – school
[23] 直隶省 – Zhílì shěng – Zhili Province, today's Hebei (河北 Héběi) Province
[24] 陕西 – Shǎnxī – Shaanxi Province
[25] 山西 – Shānxī – Shanxi province
[26] 钱铺 – qiánpù – old-style Chinese private bank
[27] 伙计 – huǒji – salesman; salesclerk
[28] 精细 – jīngxì – careful; attentive; meticulous; precise
[29] 掌柜 – zhǎngguì – shopkeeper
[30] 笑嘻嘻 – xiàoxīxī – to grin; to smile broadly
[31] 赔小心 – péi xiǎoxīn – to be accommodating to win one's favor or to calm one's anger
[32] 撇 – piě – left-falling stroke (in Chinese characters)
[33] 要紧 – yàojǐn – important; essential
[34] 搭 – dā – travel by
[35] 从从容容 – cóngcóng-róngróng – (成语) in good time
[36] 迟 – chí – late; slow; tardy
[37] 白 – bái – purely; simply; just

瞪着眼[38]，望着远远的火车上的煤烟[39]，摇摇头道："只好明天再走了，今天走同明天走，也还差不多。可是火车公司未免[40]太认真[41]了。八点三十分开，同八点三十二分开，不是差不多吗？"

他一面说，一面慢慢地走回家，心里总不明白为什么火车不肯等他两分钟。

有一天，他忽然[42]得了急病[43]，赶快[44]叫家人去请东街[45]的汪医生[46]。那家人急急忙忙[47]地跑去，一时[48]寻[49]不着东街的汪大夫，却[50]把西街牛医[51]王大夫请来了。差不多先生病在床上，知道寻错了人；但病急了，身上痛苦，心里焦急[52]，等不得了，心里想道："好在王大夫同汪大夫也差不多，让他试试看罢。"于是[53]这位牛医王大夫走近床前，用医牛的法子[54]给差不多先生治病[55]。不上一点钟，差不多先生就一命呜呼[56]了。

---

[38] 瞪着眼 — dèngzhe yǎn — to open (one's eyes) wide; to stare; to glare
[39] 煤烟 — méiyān — smoke from burning coal
[40] 未免 — wèimiǎn — rather; be a bit too; really
[41] 认真 — rènzhēn — conscientious
[42] 忽然 — hūrán — suddenly
[43] 急病 — jí bìng — acute (急) disease (病)
[44] 赶快 — gǎnkuài — lose no time; proceed apace; hasten
[45] 东街 — Dōngjiē — East (东) Street (街)
[46] 汪医生 — Wāng yīshēng — Doctor (医生) Wang (汪)
[47] 急急忙忙 — jíjí-mángmáng — in a hurry; in a rush
[48] 一时 — yī shí — for a sort while; temporarily; momentarily
[49] 寻 — xún — to look for; to seek
[50] 却 — què — but
[51] 牛医 — niú yī — veterinarian (医) who treats cattle (牛)
[52] 焦急 — jiāojí — anxious
[53] 于是 — yúshì — as a result; therefore; whereupon
[54] 法子 — fǎzǐ — method; way
[55] 治病 — zhìbìng — cure (治) of disease (病); healing; treat an illness
[56] 一命呜呼 — yīmìng-wuhu — (成语) lose one's skin; dic

差不多先生差不多要死的时候，一口气断断续续[57]地说道：
"活人同死人也差……差……差不多，……凡事[58]只要……差……差……不多……就……好了，……何……何……必……太……太认真呢？"他说完了这句话，方才[59]绝气[60]了。

他死后，大家都称赞[61]差不多先生样样事情看得破[62]，想得通[63]；大家都说他一生[64]不肯认真，不肯算帐[65]，不肯计较[66]，真是一位有德行[67]的人。于是大家给他取个死后的法号[68]，叫他做圆通大师[69]。

他的名誉[70]越传[71]越[72]远，越久越大。无数无数[73]的人都学他的榜样[74]。于是人人都成了一个差不多先生。——然而中国从此就成为一个懒人国[75]了。

---

[57] 断断续续 – duànduàn-xùxù – discontinuous; off and on; intermittent
[58] 凡事 – fánshì – everything
[59] 方才 – fāngcái – just; at the time when
[60] 绝气 – juéqì – to expire; to die
[61] 称赞 – chēngzàn – to praise
[62] 看得破 – kàndepò – to be open-minded
[63] 想得通 – xiǎngdetōng – understand something unsatisfying
[64] 一生 – yīshēng – from the cradle to the grave; all one's life
[65] 算帐 – suànzhàng – work out (算) accounts (账); balance the books; make out bills
[66] 计较 – jìjiào – to fuss about; to bother about
[67] 德行 – déxíng – moral caliber; moral integrity
[68] 法号 – fǎhào – Buddhist name; a new name given by a master to a person who becomes a monk or a nun.
[69] 圆通大师 – Yuántōng dàshī – Master (大师) of Easy-Going (圆通)
[70] 名誉 – míngyù – honor; reputation
[71] 传 – chuán – to spread; to transmit
[72] 越……越…… – yuè…yuè… – more and more
[73] 无数 – wúshù – countless; numberless; innumerable
[74] 榜样 – bǎngyàng – example; model
[75] 懒人国 – lǎnrén guó – a nation (国) of lazybones (懒人)

## 《Chàbuduō Xiānsheng Zhuàn》

Nǐ zhīdao Zhōngguó zuì yǒumíng de rén shì shuí?

Tíqǐ cǐ rén, rénrén jiē xiǎo, chùchù wénmíng. Tā xìng Chà, míng Bùduō, shì gè shěng gè xiàn gè cūn rénshì. Nǐ yīdìng jiànguò tā, yīdìng tīngguò biérén tánqǐ tā. Chàbuduō xiānsheng de míngzi tiāntiān guàzài dàjiā de kǒutóu, yīnwèi tā shì Zhōngguó quánguó rén de dàibiǎo.

Chàbuduō xiānsheng de xiàngmào hé nǐ hé wǒ dōu chàbuduō. Tā yǒu yī shuāng yǎnjīng, dàn kànde bù hěn qīngchǔ; yǒu liǎng zhī ěrduo, dàn tīngde bù hěn fēnmíng; yǒu bízi hé zuǐ, dàn tā duìyú qìwèi hé kǒuwèi dōu bù hěn jiǎngjiū. Tā de nǎozi yě bù xiǎo, dàn tā de jìxing què bù hěn jīngmíng, tā de sīxiǎng yě bù hěn xìmì.

Tā chángcháng shuō: "Fán shì zhǐyào chàbuduō, jiù hǎo le. Hébì tài jīngmíng ne?"

Tā xiǎo de shíhou, tā mā jiào tā qù mǎi hóngtáng, tā mǎile báitáng huílai. Tā mā mà tā, tā yáoyáotóu shuō: "Hóngtáng báitáng bù shì chàbuduō ma?"

Tā zài xuétáng de shíhou, xiānsheng wèn tā: "Zhílì shěng de xībiān shì nǎ yī shěng?"

Tā shuō shì Shǎnxī. Xiānsheng shuō, "Cuò le. Shì Shānxī, bù shì Shǎnxī." Tā shuō: "Shǎnxī tóng Shānxī, bù shì chàbuduō ma?"

Hòulái tā zài yī gè qiánpù li zuò huǒji; tā yě huì xiě, yě huì suàn, zhǐshì zǒng bùhuì jīngxì. Shí zì chángcháng xiěchéng qiān zì, qiān zì chángcháng xiěchéng shí zì. Zhǎngguì de shēngqì le, chángcháng mà tā. Tā zhǐshì xiàoxīxī de péi xiǎoxīn dào: "Qiān zì bǐ shí zì zhǐ duō yī xiǎo piě, bù shì chàbuduō ma?"

Yǒu yī tiān, tā wèile yī jiàn yàojǐn de shì, yào dā huǒchē dào Shànghǎi qù. Tā cóngcóng-róngróng de zǒudào huǒchēzhàn, chíle liǎng fēnzhōng, huǒchē yǐ kāizǒu le. Tā bái dèngzhe yǎn, wàngzhe yuǎnyuǎn de huǒchē shàng de méiyān, yáoyao tóu dào: "Zhǐhǎo míngtiān zài zǒu le, jīntiān zǒu tóng míngtiān zǒu, yě hái chàbuduō. Kěshì huǒchē gōngsī wèimiǎn tài rènzhēn le. Bā diǎn sānshí fēn kāi, tóng bā diǎn sānshí'èr fēn kāi, bù shì chàbuduō ma?"

Tā yīmiàn shuō, yīmiàn mànmàn de zǒuhuí jiā, xīnli zǒng bù míngbai wèishéme huǒchē bù kěn děng tā liǎng fēnzhōng.

Yǒu yī tiān, tā hūrán déle jí bìng, gǎnkuài jiào jiārén qù qǐng Dōngjiē de Wāng yīshēng. Nà jiārén jíjí-mángmáng de pǎoqù, yī shí xúnbùzháo Dōngjiē de Wāng dàifu, què bǎ Xījiē niú yī Wáng dàifu qǐnglái le. Chàbuduō xiānsheng bìng zài chuángshàng, zhīdao xúncuò le rén; dàn bìngjí le, shēnshàng tòngkǔ, xīnli jiāojí, děngbudé le, xīnli xiǎngdào: "Hǎozài Wáng dàifu tóng Wāng dàifu yě chàbuduō, ràng tā shìshì kàn ba." Yúshì zhè wèi niú yī Wáng dàifu zǒujìn chuáng qián, yòng yī niú de fǎzǐ gěi Chàbuduō xiānsheng zhìbìng. Bù shàng yī diǎn zhōng, Chàbuduō xiānsheng jiù yīmìng-wūhū le.

Chàbuduō xiānsheng chàbuduō yào sǐ de shíhou, yī kǒu qì duànduàn-xùxù de shuō dào: "Huórén tóng sǐrén yě chà······chà······chàbuduō, ······Fánshì zhǐyào······

chà······chà······bùduō······jiù······hǎo le,······hé······hé······bì······tài······tài rènzhēn ne?" Tā shuōwán le zhè jù huà, fāngcái juéqì le.

Tā sǐhòu, dàjiā dōu chēngzàn Chàbuduō xiānsheng yàngyàng shìqíng kàndepò, xiǎngdetōng; dàjiā dōu shuō tā yìshēng bù kěn rènzhēn, bù kěn suànzhàng, bù kěn jìjiǎo, zhēnshì yī wèi yǒu déxíng de rén. Yúshì dàjiā gěi tā qǔ gè sǐhòu de fǎhào, jiào tā zuò Yuántōng dàshī.

Tā de míngyù yuè chuán yuè yuǎn, yuè jiǔ yuè dà. Wúshù wúshù de rén dōu xué tā de bǎngyàng. Yúshì rénrén dōu chéngle yī gè Chàbuduō xiānsheng. — Rán'ér Zhōngguó cóngcǐ jiù chéngwéi yī gè lǎnrén guó le.

# Mourning for Zhimo
## 《追悼志摩》
### 《Zhuīdào Zhìmó》

In this piece, Hu Shi eulogizes his friend, Xu Zhimo (徐志摩), who had recently died in a plane crash when flying from Nanjing to Beijing on November 19, 1931. Xu Zhimo is famous for his remarkable contributions to modern Chinese poetry. He was the first poet to successfully adapt Western romantic forms into the Chinese language. Xu Zhimo studied in the US, but left for England after a short time. In England he learned to love the poetry of Keats and Shelley, as well as some French poets. After returning to China, he held various teaching and editing positions before his early death in a plane crash.

Xu Zhimo was born on January 15th, 1897 in Haining, Zhejiang Province and died at the young age of 35. Xu Zhimo is remembered by Hu Shi as a romanticist that pursued the three concepts of love, freedom, and beauty throughout his life. As this essay discusses, the eccentric personality of Xu Zhimo was not appreciated by everyone. However, Hu Shi was his good friend and speaks very fondly of him. This essay also summarizes some of Xu Zhimo's famous works.

《追悼¹志摩²》

    悄悄³的我走了，正如我悄悄的来；我挥⁴一挥衣袖⁵，不带走一片云彩⁶。（《再别康桥》）⁷志摩这一回真走了！可不是悄悄的走。在那淋漓⁸的大雨里，在那迷漆漆⁹的大雾¹⁰里，一个猛烈¹¹的大震动¹²，三百匹马力¹³的飞机碰¹⁴在一座终古¹⁵不动¹⁶的山上，我们的朋友额上受了一个致命的撞伤¹⁷，大概立刻¹⁸失去了知觉¹⁹，半空²⁰中起了一团大火，像

---

¹ 追悼 – zhuīdào – mourn for a person's death
² 志摩 – Zhìmó – 徐志摩 (Xú Zhìmó) (1897～1931), early 20th century Chinese poet. See introduction.
³ 悄悄 – qiāoqiāo – quietly
⁴ 挥 – huī – to wave
⁵ 衣袖 – yīxiù – sleeve
⁶ 云彩 – yúncǎi – rosy cloud
⁷ 悄悄的我走了，正如我悄悄的来；我挥一挥衣袖，不带走一片云彩 – Cited from one of Xu Zhimo's most famous poem 《再别康桥》 (*Zài Bié Kāngqiáo, Saying Goodbye to Cambridge Again*). This line is the most famous line in the poem, meaning:

        Very quietly I take my leave, As quietly as I came here
        Quietly I wave good-bye, To the rosy clouds in the western sky

⁸ 淋漓 – línlí – pouring; downpour
⁹ 迷漆漆 – míqīqī – misty
¹⁰ 大雾 – dà wù – dense fog
¹¹ 猛烈 – měngliè – violent; drastic; fierce; strong
¹² 震动 – zhèndòng – shake
¹³ 马力 – mǎlì – horsepower
¹⁴ 碰 – pèng – to collide; to hit
¹⁵ 终古 – zhōnggǔ – forever
¹⁶ 动 – dòng – to move
¹⁷ 撞伤 – zhuàngshāng – to bruise; to bump
¹⁸ 立刻 – lìkè – immediately
¹⁹ 知觉 – zhījué – perception; consciousness
²⁰ 半空 – bànkōng – in midair; in the air; in the sky

**58**                    追掉志摩

天上陨<sup>21</sup>了一颗<sup>22</sup>大星似的直掉<sup>23</sup>下地去。我们的志摩和他的两个同伴就死在那烈焰<sup>24</sup>里了！

我们初得着他的死信，却不肯相信，都不信志摩这样一个可爱的人会死的这么惨酷<sup>25</sup>。但在那几天的精神大震撼<sup>26</sup>稍稍<sup>27</sup>过去之后，我们忍不住要想，那样的死法也许只有志摩最配。我们不相信志摩会"悄悄的走了"，也不忍<sup>28</sup>想志摩会死一个"平凡的死<sup>29</sup>"，死在天空之中，大雨淋<sup>30</sup>着，大雾笼罩<sup>31</sup>着，大火焚烧<sup>32</sup>着，那撞不倒的山头在旁边冷眼瞧<sup>33</sup>着，我们新时代的新诗人，就是要自己挑一种死法，也挑不出更合式，更悲壮<sup>34</sup>的了。

志摩走了，我们这个世界里被他带走了不少的云彩。他在我们这些朋友之中，真是一片最可爱的云彩，永远是温暖的颜色，永远是美的花样，永远是可爱。他常说：我不知道风是在那一个方向吹<sup>35</sup>——我们也不知道风是在那一个方向吹，可是狂风<sup>36</sup>过去之后，我们的天空变

---

<sup>21</sup> 陨 – yǔn – to fall from the sky or outer space

<sup>22</sup> 颗 – kē – a grain of; quantifier to denote stars or substances with small spheres (such as grains, bombs, bullets, etc)

<sup>23</sup> 直掉 – zhí diào – to fall down directly (to the ground)

<sup>24</sup> 烈焰 – liè yàn – raging flame; roaring blaze

<sup>25</sup> 惨酷 – cǎnkù – cruelty

<sup>26</sup> 震撼 – zhènhàn – shake; shook; vibrate

<sup>27</sup> 稍稍 – shāoshāo – a little; a bit; slightly

<sup>28</sup> 忍 – rěn – to bear; to endure; to put up with

<sup>29</sup> 平凡的死 – píngfán de sǐ – uneventful death; unremarkable death

<sup>30</sup> 淋 – lín – to drench; to pour

<sup>31</sup> 笼罩 – lǒngzhào – to envelop; to shroud; to hover over

<sup>32</sup> 焚烧 – fénshāo – burn; set on fire

<sup>33</sup> 瞧 – – qiáo – to glance at; to look at

<sup>34</sup> 悲壮 – bēizhuàng – solemn and magnificent

<sup>35</sup> 吹 – chuī – (of wind) to blow

<sup>36</sup> 狂风 – kuángfēng – violent (狂) wind (风); fierce wind

惨淡[37]了，变寂寞[38]了，我们才感觉我们的天上的一片最可爱的云彩被狂风卷[39]去了，永远不回来了！

这十几天里，常有朋友到家里来谈志摩，谈起来常常有人痛哭。在别处痛哭他的，一定还不少。志摩所以能使朋友这样哀念[40]他，只是因为他的为人整个的只是一团同情心[41]，只是一团爱。叶公超[42]先生说，他对于任何人[43]，任何事，从未[44]有过绝对[45]的怨恨[46]，甚至[47]于无意中都没有表示过一些憎嫉[48]的神气。

陈通伯[49]先生说，尤其[50]朋友里缺[51]不了他。他是我们的连索[52]，他是粘着性的[53]，发酵[54]性的。在这七八年中，国内文艺界[55]里起了‘不少的风波[56]，吵了不少的架[57]，许多很熟的朋友往往弄[58]的不能见面。但

---

[37] 惨淡 – cǎndàn – dark; bleak; dismal
[38] 寂寞 – jìmò – solitary; lonely; lonesome
[39] 卷 – juǎn – to take away everything as if rolling up (a mat or table spread); to carry everything with one; to sweep across; to engulf
[40] 哀念 – āiniàn – to mourn over somebody's death; condole
[41] 同情心 – tóngqíng xīn – sensibility; sympathy
[42] 叶公超 – Yè Gōngchāo – (1904-1981) famous diplomat and calligrapher
[43] 任何人 – rènhé rén – anyone; anybody
[44] 从未 – cóngwèi – never
[45] 绝对 – juéduì – absolutely; perfectly; absolute
[46] 怨恨 – yuànhèn – to have a grudge against
[47] 甚至 – shènzhì – even
[48] 憎嫉 – zèngjí – hateful (憎) and jealous (嫉)
[49] 陈通伯 – Chén Tōngbó – (1896—1970) a literary reviewer and translator
[50] 尤其 – yóuqí – particularly; especially
[51] 缺 – quē – to lack; to be short of
[52] 连索 – liánsuǒ – chain
[53] 粘着性 – niánzhuó xìng – cohesive; sticky; adhesive
[54] 发酵 – fājiào – ferment
[55] 文艺界 – wényì jiè – literary and art circles
[56] 风波 – fēngbō – wind (风) and wave (波); disturbances; disputes; quarrels
[57] 吵架 – chǎojià – to quarrel, especially loudly; to scrap (with); to fall out

我没有听见有人怨恨过志摩。谁也不能抵抗⁵⁹志摩的同情心，谁也不能避开⁶⁰他的粘着性。他才是和事老⁶¹，使我们怀⁶²着无穷⁶³的同情，他总是朋友中间的"连索"。他从没有疑心⁶⁴，他从不会妒忌⁶⁵。使这些多疑⁶⁶善妒⁶⁷的人们十分惭愧⁶⁸，又十分羡慕⁶⁹。

他的一生真是爱的象征⁷⁰。爱是他的宗教，他的上帝。

我攀登⁷¹了万仞⁷²的高冈⁷³，荆棘⁷⁴扎⁷⁵烂⁷⁶了我的衣裳⁷⁷，我向飘渺⁷⁸的云天外望——上帝，我望不见你！

我在道旁⁷⁹见一个小孩：活泼⁸⁰，秀丽⁸¹，褴褛⁸²的衣衫⁸³；他叫声"妈"，眼里亮着爱——上帝，他眼里有你！

---

⁵⁸ 弄 – nòng – to disturb; to stir; to annoy; to bother; to harass; to cause trouble
⁵⁹ 抵抗 – dǐkàng – to resist; to stand up to; to strive against; to withstand
⁶⁰ 避开 – bìkāi – bypass; escape
⁶¹ 和事老 – héshìlǎo – peacemaker
⁶² 怀 – huái – think of; keep…in mind
⁶³ 无穷 – wúqióng – infinite; boundless; inexhaustible; endless
⁶⁴ 疑心 – yíxīn – suspicion; doubt
⁶⁵ 妒忌 – dùjì – to envy; to be jealous of
⁶⁶ 疑 – yí – doubt
⁶⁷ 善妒 – shàn dù – jealousy
⁶⁸ 惭愧 – cánkuì – to feel ashamed; to feel sorry
⁶⁹ 羡慕 – xiànmù – to envy; to admire
⁷⁰ 象征 – xiàngzhēng – to symbolize; to signify
⁷¹ 攀登 – pāndēng – to climb; to mount
⁷² 万仞 – wàn rèn – to extremely high or long;
　　万 – ten thousand
　　仞 – measuring unit, 1 仞 is equal to about 2.5 meters
⁷³ 高冈 – gāogāng – high mountain
⁷⁴ 荆棘 – jīngjí – thorn
⁷⁵ 扎 – zhā – to prick; to pierce
⁷⁶ 烂 – làn – broken; torn; worn
⁷⁷ 衣裳 – yīshang – clothes; dress
⁷⁸ 飘渺 – piāomiǎo – misty; dim

《他眼里有你》[84]志摩今年他的《猛虎集自序》[85]里，曾说他的心境[86]是"一个曾经有单纯[87]信仰[88]的流人[89]怀疑的颓废[90]"。这句话是他最好的自述[91]。他的人生观[92]真是一种"单纯信仰"，这里面只有三个大字：一个是爱，一个是自由，一个是美。他梦想这三个理想的条件能够会合[93]在一个人生里，这是他的"单纯信仰"。他的一生的历史，只是他追求这个单纯信仰的实现的历史。

社会上对于他的行为，往往有不谅解[94]的地方，都只因为社会上批评他的人不曾懂得志摩的"单纯信仰"的人生观。他的离婚和他的第二次结婚，是他一生最受社会严厉[95]批评的两件事。现在志摩的棺[96]已盖[97]了，而社会上的议论[98]还未定[99]。但我们知道这两件事的人，都能明白，至少在志摩的方面，这两件事最可以代表志摩的单纯理想的追求。

---

[79] 道旁 – dàopáng – roadside
[80] 活泼 – huópō – lively; vivacious; active
[81] 秀丽 – xiù lì – beautiful; elegant; pretty; delicate
[82] 褴褛 – lánlǚ – tattered; ragged; shabby
[83] 衣衫 – yīshān – coat or clothing
[84] 《他眼里有你》 – *Tā Yǎnli Yǒu Nǐ* – a poem by Zhimo
[85] 猛虎集自序 – *Měng Hǔ Jí Zìxù* – author's preface (自序) to *The Tiger* (猛虎集)
  猛虎集 – Xu Zhimo's third and last published book of poetry
[86] 心境 – xīnjìng – state of mind; mental state
[87] 单纯 – dānchún – simple; pure
[88] 信仰 – xìnyǎng – faith; belief; conviction
[89] 流人 – liúrén – person who leaves one's hometown and lives a drifting life
[90] 颓废 – tuífèi – dispirited; decadent; declining
[91] 自述 – zìshù – to recount by oneself; to narrate by oneself; to account in one's own words
[92] 人生观 – rénshēng guān – outlook on life
[93] 会和 – huìhé – to converge; to meet; to run together; merge
[94] 谅解 – liàngjiě – to be tolerant to; to understand; to make allowance for
[95] 严厉 – yánlì – stern; severe
[96] 棺 – guān – coffin
[97] 盖 – gài – to close; to cover
[98] 议论 – yìlùn – to comment; to discuss; to exchange views on; to talk over
[99] 未定 – wèidìng – uncertain; undecided; undefined; unfixed

他万分诚恳[100]的相信那两件事都是他实现那"美与爱与自由"的人生的正当[101]步骤[102]。这两件事的结果，在别人看来，似乎都不曾能够实现志摩的理想生活。但到今日，我们还忍[103]用成败[104]来议论他吗？

我忍不住我的历史癖[105]，今天我要引用一点神圣[106]的历史材料，来说明志摩决心离婚时的心理。民国十一年三月，他正式向他的夫人提议[107]离婚，他告诉她，他们不应该继续他们的没有爱情没有自由的结婚生活了，他提议"自由之偿还[108]自由"，他认为这是"彼此[109]重见生命之曙光[110]，不世之荣业[111]"。他说：故转夜为日[112]，转地狱为天堂[113]，直指顾间事矣[114]。……真生命必自奋斗[115]自求得[116]来，真幸福亦[117]必自奋斗自求得来，真恋爱[118]亦必自奋斗自求得来！ 彼此前途[119]无限

---

[100] 诚恳 – chéngkěn – true-hearted; cordiality; in all honesty and sincerity
[101] 正当 – zhèngdàng – reasonable; sensible
[102] 步骤 – bùzhòu – step; move; procedure
[103] 忍 – rěn – have the heart to
[104] 成败 – chéngbài – success (成) or failure (败)
[105] 癖 – pǐ – addiction; hobby
[106] 神圣 – shénshèng – holy; sacred
[107] 提议 – tíyì – to propose; to suggest
[108] 偿还 – chánghuán – repay; pay back; return for
[109] 彼此 – bǐcǐ – each other; both parties; one another
[110] 曙光 – shǔguāng – twilight
[111] 不世之荣业 – bù shì zhī róng yè – glorious (荣) achievement (业) that not (不) every generation (世) can realize
[112] 转夜为日 – zhuǎn yè wéi rì – (my life) change (转) from night (夜) to (为) day (日); my life is getting better; my unhappy life ends and my happy life begins
[113] 转地狱为天堂 – zhuǎn dìyù wéi tiāntáng – (my life) change from hell to heaven
[114] 直指顾间事矣 – zhí zhǐgùjiān shì yǐ – it's just (直) a matter (事) (that happened) in a short time (指顾间)
　　　　矣 – yǐ – (古文) auxiliary word used to indicate completed action
[115] 奋斗 – fèndòu – to struggle; to strive
[116] 求得 – qiúdé – to beg for something; beg and get something
[117] 亦 – yì – (古文) also; too; likewise
[118] 恋爱 – liàn'ài – to love; to be in love
[119] 前途 – qiántú – future; prospect

<sup>120</sup>，……彼此有改良社会之心，彼此有造福人类之心，其先<sup>121</sup>自作榜样
<sup>122</sup>，勇决智断<sup>123</sup>，彼此尊重人格，自由离婚，止绝苦痛<sup>124</sup>，始兆幸福<sup>125</sup>，
皆在此矣<sup>126</sup>。

这信里完全是青年的志摩的单纯的理想主义<sup>127</sup>，他觉得那没有爱
又没有自由的家庭是可以摧毁<sup>128</sup>他们的人格的，所以他下了决心，要把
自由偿还<sup>129</sup>自由，要从自由求得他们的真生命，真幸福，真恋爱。

后来他回国了，婚是离了，而家庭和社会都不能谅解他。最奇
怪的是他和他已离婚的夫人通信<sup>130</sup>更勤<sup>131</sup>，感情更好。社会上的人更不
明白了。志摩是梁任公<sup>132</sup>先生最爱护<sup>133</sup>的学生，所以民国十二年任公先
生曾写一封很恳切<sup>134</sup>的信去劝他。在这信里，任公提出两点：其一<sup>135</sup>，
万不容<sup>136</sup>以他人之苦痛<sup>137</sup>，易<sup>138</sup>自己之快乐。弟<sup>139</sup>之此举<sup>140</sup>，其于弟将

---

<sup>120</sup> 无限 – wúxiàn – infinite; immeasurable; boundless; limitless
<sup>121</sup> 其先 – qí xiān – previously
<sup>122</sup> 榜样 – bǎngyàng – example; model
<sup>123</sup> 勇决智断 – yǒng jué zhì duàn – bravely (勇) decide (决) and wisely (智) judge (断)
<sup>124</sup> 止绝苦痛 – zhǐjué kǔtòng – to end (止绝) the bitterness (苦) and pain (痛)
<sup>125</sup> 始兆幸福 – shǐ zhào xìngfú – to begin (始) to foresee (兆) happiness (幸福)
<sup>126</sup> 皆在此矣 – jiē zài cǐ yǐ – all depends on this one move or decision
<sup>127</sup> 理想主义 – lǐxiǎng zhǔyì – idealism
<sup>128</sup> 摧毁 – cuīhuǐ – to demolish; to annihilate; to ruin
<sup>129</sup> 偿还 – chánghuán – repay
<sup>130</sup> 通信 – tōngxìn – to communicate by letter; to correspond
<sup>131</sup> 勤 – qín – frequently
<sup>132</sup> 梁任公 – Liáng rèngōng – 梁启超 (Liáng Qǐchāo) (1873-1929), Chinese scholar, journalist, philosopher and reformist during the Qing Dynasty (1644 – 1911), who inspired Chinese scholars with his writings and reform movements.
<sup>133</sup> 爱护 – àihù – to cherish; to treasure; to care for; to take good care of
<sup>134</sup> 恳切 – kěnqiè – earnest; sincere; cordial; earnestly; sincerely; cordially
<sup>135</sup> 其一 – qíyī – first; firstly
<sup>136</sup> 不容 – bù róng – do not allow
<sup>137</sup> 苦痛 – kǔtòng – pain; suffering

来之快乐能得与否，殆[141]茫[142]如捕风[143]，然[144]先已[145]予多数人以[146]无量之苦痛。

其二，恋爱神圣为今之少年所乐道[147]。……兹[148]事[149]盖[150]可遇而不可求[151]。……况[152]多情多感之人，其幻想[153]起落[154]鹘突[155]，而得满足得宁帖[156]也极难。所梦想之神圣境界恐[157]终[158]不可得，徒[159]以烦恼[160]终其身[161]已耳[162]。

---

[138] 易 – yì – exchange
[139] 弟 – dì – younger brother (refers to the person receiving the letter, Xu Zhimo)
[140] 举 – jǔ – act; deed
[141] 殆 – dài – almost
[142] 茫 – máng – vague; uncertain
[143] 捕风 – bǔfēng – to catch the wind; unrealistic
[144] 然 – rán – thus; so
[145] 已 – yǐ – already
[146] 予…以 – yǔ…yǐ – to give somebody something
[147] 乐道 – lèdào – to take delight in talking about something
[148] 兹 – zī – (formal) this
[149] 事 – shì – thing; matter
[150] 盖 – gài – (古文) maybe; probably
[151] 可遇而不可求 – kě yù ér bù kě qiú – (成语) (something, like love, that) can (可) only be found by accident (遇), but (而) cannot (不可) be obtained through seeking (求); or 可遇不可求
[152] 况 – kuàng – besides; moreover
[153] 幻想 – huànxiǎng – illusion; fantasy; fancy
[154] 起落 – qǐluò – rise and fall
[155] 鹘突 – hútū – muddled; confused; bewildered
[156] 宁帖 – níngtiē – tranquil; calm
[157] 恐 – kǒng – afraid
[158] 终 – zhōng – finally; at last; in the end
[159] 徒 – tú – in vain; for nothing
[160] 烦恼 – fánnǎo – vexation; worries; agony
[161] 终其身 – zhōng qí shēn – (live until) his (其) life (身) ends (终); spend the rest of his life
[162] 已耳 – yǐ ěr – (古文) auxiliary word used at the end of sentence

任公又说：呜呼[163]志摩！天下岂[164]有圆满[165]之宇宙[166]？……当知吾侪[167]以不求圆满为生活态度，斯[168]可以领略[169]生活之妙味[170]矣。……若沉迷[171]于不可必得之梦境[172]，挫折[173]数次[174]，生意尽[175]矣，郁悒[176]侘傺[177]以死，死为无名。死犹可[178]也[179]，最可畏[180]者，不死不生而堕落[181]至不复[182]能自拔[183]。呜呼志摩，可无惧[184]耶[185]！可无惧耶！

（十二年一月二日信）

---

[163] 呜呼 – wūhū – alas; alack

[164] 岂 – qǐ – how can it be that; auxiliary word used in a rhetorical question to denote retortion

[165] 圆满 – yuánmǎn – satisfactory

[166] 宇宙 – yǔzhòu – universe; cosmos

[167] 吾侪 – wúchái – (古文) we; us

[168] 斯 – sī – (古文) then; thus

[169] 领略 – lǐnglüè – to appreciate; to realize

[170] 妙味 – miàowèi – marvelous (妙) taste (味); fantasy

[171] 沉迷 – chénmí – to indulge in; to wallow in; to revel in

[172] 梦境 – mèngjìng – dream world; dreamland

[173] 挫折 – cuòzhé – setback; frustration; reverse; discouragement

[174] 数次 – shù cì – some times

[175] 尽 – jìn – to exhaust; to finish; to end

[176] 郁悒 – yù yì – (古文) gloomy

[177] 侘傺 – chà chì – (古文) despondent; disappointed

[178] 犹可 – yóukě – (古文) acceptable

[179] 也 – yě – (古文) auxiliary word used at the end of a declarative sentence to show strong affirmation or identity

[180] 畏 – wèi – fear

[181] 堕落 – duòluò – abandoned; corrupt; degenerate; demeaning; depraved

[182] 不复 – bù fù – no longer

[183] 自拔 – zìbá – to free oneself; to extricate oneself from evildoing or pain

[184] 无惧 – wú jù – no fear; not afraid

[185] 耶 – yé – (古文) a question word used at the end of a question

追掉志摩

任公一眼看透[186]了志摩的行为是追求一种"梦想的神圣境界"，他料到他必要失望，又怕他少年人受不起几次挫折，就会死，就会堕落。所以他以老师的资格警告他："天下岂有圆满之宇宙？"

　　但这种反理想主义是志摩所不能承认的。他答复[187]任公的信，第一不承认他是把他人的苦痛来换自己的快乐。他说：我之[188]甘[189]冒世之不韪[190]，竭[191]全力以斗[192]者，非[193]特求免[194]凶惨[195]之苦痛，实求良心之安顿[196]，求人格之确立[197]，求灵魂之救度[198]耳。

　　人谁不求庸德[199]？人谁不安现成[200]？人谁不畏艰险[201]？然且[202]有突围[203]而出者，夫[204]岂得[205]已[206]而然[207]哉[208]？

---

[186] 看透 – kàntòu – to understand thoroughly; to see through; to penetrate

[187] 答复 – dáfù – answer; reply

[188] 之 – zhī – no meaning, an auxiliary word used between a subject and a predicate

[189] 甘 – gān – willingly; readily

[190] 冒世之不韪 – mào shì zhī bù wěi – to defy world opinion; or 冒天下之大不韪 (成语): to risk the wrath of the world; to defy world opinion

[191] 竭 – jié – to use up; to exhaust

[192] 斗 – dòu – to fight for; to fight; to battle

[193] 非 – fēi – no; not

[194] 免 – miǎn – to exempt from; to excuse from

[195] 凶惨 – xiōngcǎn – fierce and miserable

[196] 安顿 – āndùn – undisturbed state; peaceful state

[197] 确立 – quèlì – to establish

[198] 救度 – jiùdù – (Buddhist) to save (one's soul from sufferings)

[199] 庸德 – yōngdé – moral conduct (德) of common people (庸)

[200] 现成 – xiànchéng – achievements (成) that have been made by today (现)

[201] 艰险 – jiānxiǎn – hardships and dangers

[202] 然且 – rán qiě – but; however; nevertheless; yet; even so

[203] 突围 – tūwéi – to break out of an encirclement; to break a siege

[204] 夫 – fú – (古文) auxiliary word used at the beginning of a sentence

[205] 岂得 – qǐde – (古文) is it possible that; auxiliary word used in a rhetorical question to denote retortion

[206] 已 – yǐ – stop

第二，他也承认恋爱是可遇而不可求的，但他不能不去追求。他说：我将于茫茫[209]人海[210]中访我唯一灵魂之伴侣[211]；得之，我幸；不得，我命[212]，如此而已。

他又相信他的理想是可以创造[213]培养[214]出来的。他对任公说：嗟夫[215]吾[216]师！我尝[217]奋[218]我灵魂之精髓[219]，以凝[220]成一理想之明珠，涵[221]之以热满[222]之心血，朗照[223]我深奥[224]之灵府[225]。而庸俗[226]忌[227]之嫉[228]之，

---

[207] 然 – rán – （古文）like this; just like so

[208] 哉 – zāi – （古文）auxiliary word used at the end of an exclamatory sentence or interrogative sentence

[209] 茫茫 – mángmáng – boundless; vast

[210] 人海 – rénhǎi – human world; sea of faces; crowds of people

[211] 伴侣 – bànlǚ – partner; companion; mate

[212] 得之，我幸；不得，我命 – dé zhī, wǒ xìng; bù dé, wǒ mìng – If I find the one, it's my fortune; if not, my destiny.

[213] 创造 – chuàngzào – to create

[214] 培养 – péiyǎng – to develop; to cultivate

[215] 嗟夫 – jiēfū – （古文）exclamation expressing grief or regret

[216] 吾 – wú – （古文）I

[217] 尝 – cháng – to try to; to endeavor to

[218] 奋 – fèn – to cheer up; to brace one's heart; to pluck up

[219] 精髓 – jīngsuǐ – essence; quintessence

[220] 凝 – níng – to condense into

[221] 涵 – hán – to contain

[222] 热满 – rèmǎn – warm (热) and full (满); earnest; enthusiastic

[223] 朗照 – lǎngzhào – to shine brightly

[224] 深奥 – shēn'ào – profound; deep

[225] 灵府 – língfǔ – soul

[226] 庸俗 – yōngsú – vulgar

[227] 忌 – jì – to be jealous; to be envious

[228] 嫉 – jí – to be jealous; to be envious

辄[229]欲[230]麻木[231]其灵魂，捣碎[232]其理想，杀灭[233]其希望，污毁[234]其纯洁[235]！我之不流入堕落，流入庸懦[236]，流入卑污[237]，其几亦微矣！

　　我今天发表这三封不曾发表过的信，因为这几封信最能表现那个单纯的理想主义者徐志摩。他深信理想的人生必须有爱，必须有自由，必须有美；他深信这种三位一体[238]的人生是可以追求的，至少是可以用纯洁的心血培养出来的。——我们若从这个观点来观察[239]志摩的一生，他这十年中的一切行为就全可以了解了。我还可以说，只有从这个观点上才可以了解志摩的行为；我们必须先认清了他的单纯信仰的人生观，方才[240]认得清志摩的为人[241]。

　　志摩最近几年的生活，他承认是失败。他有一首[242]《生活》的诗，诗里暗惨[243]的可怕：！

　　　　阴沉[244]，黑暗，毒蛇[245]似的蜿蜒[246]，生活逼成[247]了一条甬
　　　道[248]：一度陷入[249]，你只可向前，手扪索[250]着冷壁的粘潮

---

[229] 辄 － zhé － （古文）used to indicate a behavior that happens in the wake of the previous one, equivalent to "immediately".

[230] 欲 － yù － to want to

[231] 麻木 － mámù － to numb

[232] 捣碎 － dǎosuì － to smash; to shatter; to shiver

[233] 杀灭 － shāmiè － to kill; to eliminate; to wipe out

[234] 污毁 － wūhuǐ － to tarnish; to stain; to smear; to soil; to blemish; to cast a stain on

[235] 纯洁 － chúnjié － purity

[236] 庸懦 － yōngnuò － mediocre (庸) and incompetent (懦)

[237] 卑污 － bēi wū － despicable (卑) and filthy (污)

[238] 三位一体 － sānwèi-yītǐ － three in one

[239] 观察 　 guānchá － to observe; to watch; to look into

[240] 方才 － fāngcái － just now

[241] 为人 － wéirén － the way one behaves in relations with other people; behavior

[242] 首 － shǒu － a quantifier to denote the number of poems or songs

[243] 暗惨 － àncǎn － dark and miserable

[244] 阴沉 － yīnchén － somber; gloomy; cloudy

$^{251}$，在妖魔$^{252}$的脏腑$^{253}$内挣扎$^{254}$，头顶不见一线$^{255}$的天光，这魂魄$^{256}$，在恐怖的压迫$^{257}$下，除了消灭$^{258}$更有什么愿望？

（十九年五月二十九日）

他的失败是一个单纯的理想主义者的失败。他的追求，使我们惭愧，因为我们的信心太小了，从不敢梦想他的梦想。他的失败，也应该使我们对他表示更深厚的恭敬$^{259}$与同情，因为偌大$^{260}$的世界之中，只有他有这信心，冒$^{261}$了绝大的危险，费$^{262}$了无数的麻烦，牺牲$^{263}$了一切平凡的安逸$^{264}$，牺牲了家庭的亲谊$^{265}$和人间的名誉$^{266}$，去追求，去试验

---

$^{245}$ 毒蛇 – dúshé – poisonous snake; viper

$^{246}$ 蜿蜒 – wānyán – meander; wind; zigzag; serpentine

$^{247}$ 逼成 – bīchéng – to force into; to compel into

$^{248}$ 甬道 – yǒngdào – paved path leading to the main hall

$^{249}$ 陷入 – xiànrù – to sink into; to fall into (a trap)

$^{250}$ 扪索 – ménsuǒ – to grope about; to fumble about; to fumble for; to feel for

$^{251}$ 粘潮 – niáncháo – sticky (粘) and moist (潮)

$^{252}$ 妖魔 – yāomó – evil spirit; gobling; demon

$^{253}$ 脏腑 – zàngfǔ – A general designation for Chinese medicine in the human body, including the five *zang* internal organs (heart, liver, spleen, lung and kidney) and six *fu* internal organs (stomach, gallbladder, three visceral cavities, bladder, large intestine, small intestine).

$^{254}$ 挣扎 – zhēngzhá – to struggle; to agonize over

$^{255}$ 一线 – yīxiàn – a ray of; a gleam of; a thread of

$^{256}$ 魂魄 – húnpò – soul

$^{257}$ 压迫 – yāpò – to oppress; to repress

$^{258}$ 消灭 – xiāomiè – to perish; to die out; to annihilate; to eliminate; to wipe out

$^{259}$ 恭敬 – gōngjìng – revere; honor; hold in reverence

$^{260}$ 偌大 – ruòdà – big; large

$^{261}$ 冒 – mào – take (risk)

$^{262}$ 费 – fèi – spend; expend

$^{263}$ 牺牲 – xīshēng – at the sacrifice of; at the cost of

$^{264}$ 安逸 – ānyì – comfortable; carefree

$^{265}$ 亲谊 – qīnyì – friendly feelings of relatives

$^{266}$ 名誉 – míngyù – honor; reputation

追掉志摩

一个"梦想之神圣境界"，而终于免不了[267]惨酷[268]的失败，也不完全是他的人生观的失败。他的失败是因为他的信仰太单纯了，而这个现实世界太复杂了，他的单纯的信仰禁不起[269]这个现实世界的摧毁[270]；正如易卜生[271]的诗剧[272]Ｂｒａｎｄ[273]里的那个理想主义者，抱着他的理想，在人间处处碰钉子[274]，碰的焦头烂额[275]，失败而死。

然而我们的志摩"在这恐怖的压迫下"，从不叫一声"我投降[276]了"！他从不曾完全绝望[277]，他从不曾绝对怨恨谁。他对我们说：你们不能更多的责备[278]。我觉得我已是满头的血水[279]，能不低头[280]已算是好的。《猛虎集自序》是的，他不曾低头。他仍旧昂起头来做人；他仍旧[281]是他那一团的同情心，一团的爱。我们看他替朋友做事，替团体做事，他总是仍旧那样热心，仍旧那样高兴。几年的挫折，失败，苦痛，似乎使他更成熟了，更可爱了。

---

[267] 免不了 – miǎnbùliǎo – cannot be avoided; be bound to; inenitably; unavoidably
[268] 惨酷 – cǎnkù – miserable (惨) and cruel (酷)
[269] 禁不起 – jìnbùqǐ – unable to stand; unable to endure
[270] 摧毁 – cuīhuǐ – destroy; smash
[271] 易卜生　　Yìbǔshēng – (1828-1906) Ibsen, a major 19th-century Norwegian poet, playwright, and theater director
[272] 诗剧 – shījù – poetic drama
[273] *Brand* – a famous play by Ibsen written in 1865
[274] 碰钉子 – pèng dīngzi – to come across (碰) a nail (钉子); meet with rejection; to meet with a rebuff
[275] 焦头烂额 – jiāotóu-làn'é – (成语) in a terrible fix; in great trouble
[276] 投降 – tóuxiáng – to surrender; to give in
[277] 绝望 – juéwàng – hopeless; in despair
[278] 责备 – zébèi – to reproach; to blame; to reprimand
[279] 血水 – xuèshuǐ – watery blood; thin blood
[280] 低头 – dītóu – lower one's head; throw in the towel; give up
[281] 仍旧 – réngjiù – still; yet

他的苦痛之中，仍旧继续他的歌唱[282]。他的诗作风也更成熟[283]了。他所谓"初期[284]的汹涌[285]性"固然是没有了，作品也减少[286]了；但是他的意境变深厚了，笔致[287]变淡远[288]了，技术和风格都更进步了。这是读《猛虎集》的人都能感觉到的。

志摩自己希望今年是他的"一个真正的复活[289]的机会"。他说：抬起头居然[290]又见到天了。眼睛睁开了，心也跟着开始了跳动[291]。

我们一班朋友都替他高兴。他这几年来想用心血浇灌[292]的花树也许是枯萎[293]的了；但他的同情，他的鼓舞[294]，早又在别的园地里种出无数的可爱的小树，开出了无数可爱的鲜花[295]。他自己的歌唱有一个时代是几乎消沉[296]了；但他的歌声引起了他的园地外无数的歌喉[297]，嘹亮[298]的唱，哀怨[299]的唱，美丽[300]的唱。这都是他的安慰[301]，都使他高兴。

---

[282] 歌唱 － gēchàng － to sing; to chant
[283] 成熟 － chéngshú － ripe; mature
[284] 初期 － chūqī － initial stage; early days
[285] 汹涌 － xiōngyǒng － surging; raging; tempestuous; turbulent
[286] 减少 － jiǎnshǎo － to reduce; to decrease; to lessen
[287] 笔致 － bǐzhì － painting and handwriting style
[288] 淡远 － dànyuǎn － (of one's writing style) light and far-reaching
[289] 复活 － fùhuó － to bring back to life; to revive
[290] 居然 － jūrán － unexpectedly; actually; to one's surprise
[291] 跳动 － tiàodòng － to pulsate; to jump; to pump; to throb; to beat
[292] 浇灌 － jiāoguàn － to water; to irrigate
[293] 枯萎 － kūwěi － to wither; to shrivel; to fade
[294] 鼓舞 － gǔwǔ － to inspire; to hearten
[295] 鲜花 － xiānhuā － fresh flower
[296] 消沉 － xiāochén － dejected; depressed; downhearted; low-spirited
[297] 歌喉 － gēhóu － (singer's) voice; singing voice
[298] 嘹亮 － liáoliàng － resonant; loud and clear
[299] 哀怨 － āiyuàn － sad; plaintive
[300] 美丽 － měilì － beautiful; lovely
[301] 安慰 － ānwèi － comfort; consolation; soothing

追掉志摩

谁也想不到在这个最有希望的复活时代，他竟丢[302]了我们走了！他的《猛虎集》里有一首咏[303]一只黄鹂[304]的诗，现在重读了，好像他在那里描写[305]他自己的死，和我们对他的死的悲哀；等候他唱，我们静着望，怕惊了他。但他一展翅[306]，冲破[307]浓密[308]，化一朵彩云[309]：他飞了，不见了，没了——像是春光[310]，火焰[311]，像是热情。

志摩这样一个可爱的人，真是一片春光，一团火焰，一腔[312]热情。现在难道[313]都完了？

决不[314]！决不！志摩最爱他自己的一首小诗，题目[315]叫做《偶然[316]》，在他的《卞昆冈》[317]剧本[318]里，在那个可爱的孩子阿明[319]临死时，那个瞎子[320]弹着三弦[321]，唱着这首诗：我是天空里的一片云，偶尔投影

---

[302] 丢 – diū – to lose; to leave behind
[303] 咏 – yǒng – to chant; to intone
[304] 黄鹂 – huánglí – oriole
[305] 描写 – miáoxiě – to describe; to delineate; to depict
[306] 展翅 – zhǎnchì – spread (展) the wings (翅)
[307] 冲破 – chōngpò – to break through; to breach
[308] 浓密 – nóngmì – dense
[309] 彩云 – cǎiyún – rosy clouds
[310] 春光 – chūnguāng – spring scenery
[311] 火焰 – huǒyàn – flame
[312] 腔 – qiāng – bosom; have one's bosom filled with
[313] 难道 – nándào – is it possible that; could it be that; used to give force to a rhetorical question
[314] 决不 – jué bù – never
[315] 题目 – tímù – title; subject; topic
[316] 偶然 – *Ǒurán* – *Chance*, a poem written by Xu Zhimo
[317] 卞昆冈 – *Biàn Kūngāng* – *Bian Kungang*, a drama written by Xu Zhimo and 陆小曼 (Lù Xiǎomàn), his second wife
[318] 剧本 – jùběn – drama
[319] 阿明 – Ā Míng – name, a role in this drama
[320] 瞎子 – xiāzi – a person who is blind

[322]在你的波心[323]——你不必讶异[324]，更无需欢喜[325]——在转瞬[326]间消灭了踪影[327]。

你我相逢[328]在黑暗的海上，你有你的，我有我的，方向。

你记得也好，最好你忘掉[329]，在这交会时互[330]放[331]的光亮[332]！

朋友们，志摩是走了，但他投的影子会永远留在我们心里，他放的光亮也会永远留在人间，他不曾白来[333]了一世[334]。我们有了他做朋友，也可以安慰自己说不曾白来了一世。我们忘不了，和我们在那交会互放的光亮！

二十年，十二月，三夜。

---

[321] 三弦 – sānxián – Chinese trichord *Sanxian*, a tree-string fiddle
[322] 投影 – tóuyǐng – shadow
[323] 波心 – bōxīn – waving heart; tempting heart
[324] 讶异 – yàyì – amazed; surprised; astonished
[325] 欢喜 – huānxǐ – joyful; happy
[326] 转瞬 – zhuǎnshùn – in a twinkle; in a wink; in a flash
[327] 踪影 – zōngyǐng – trace; vestige
[328] 相逢 – xiāngféng – to meet (by chance); to come across
[329] 忘掉 – wàngdiào – to forget; to dismiss from one's mind
[330] 互 – hù – each other; mutually
[331] 放 – fàng – to radiate; to emit
[332] 光亮 – guāngliàng – radiance; shine; brilliant rays
[333] 白来 – bái lái – come (来) (to this world) in vain (白); have a meaningless life
[334] 一世 – yīshì – life; from the cradle to the grave; all one's life

追掉志摩

## 《Zhuīdào Zhìmó》

Qiāoqiāo de wǒ zǒu le, zhèngrú wǒ qiāoqiāo de lái; wǒ huī yī huī yīxiù, bù dàizǒu yīpiàn yúncǎi. (《Zài Bié Kāngqiáo》) Zhìmó zhè yī huí zhēn zǒu le! Kě bùshì qiāoqiāo de zǒu. Zài nà línlí de dà yǔ li, zài nà míqīqī de dà wù li, yī gè měngliè de dà zhèndòng, sānbǎi pǐ mǎlì de fēijī pèngzài yī zuò zhōnggǔ bù dòng de shān shàng, wǒmen de péngyou éshàng shòule yī gè zhìmìng de zhuàngshāng, dàgài likè shīqù le zhījué, bànkōng zhōng qǐle yī tuán dà huǒ, xiàng tiānshàng yǔnle yī kē dà xīng shìde zhí diàoxià dì qù. Wǒmen de Zhìmó hé tā de liǎng gè tóngbàn jiù sǐzài nà liè yàn li le!

Wǒmen chū dézhe tā de sǐ xìn, què bù kěn xiāngxìn, dōu bù xìn Zhìmó zhèyàng yī gè kě'ài de rén huì sǐ de zhème cǎnkù. Dàn zài nà jǐ tiān de jīngshén dà zhènhàn shāoshāo guòqù zhīhòu, wǒmen rěnbùzhù yào xiǎng, nàyàng de sǐ fǎ yěxǔ zhǐyǒu Zhìmó zuì pèi. Wǒmen bù xiāngxìn Zhìmó huì "qiāoqiāo de zǒu le", yě bù rěn xiǎng Zhìmó huì sǐ yī gè "píngfán de sǐ", sǐzài tiānkōng zhīzhōng, dà yǔ línzhe, dà wù lǒngzhàozhe, dà huǒ fénshāozhe, nà zhuàngbùdǎo de shāntóu zài pángbiān lěngyǎn qiáozhe, wǒmen xīn shídài de xīn shīrén, jiùshì yào zìjǐ tiāo yī zhǒng sǐ fǎ, yě tiāobùchū gèng héshì, gèng bēizhuàng de le.

Zhìmó zǒu le, wǒmen zhè gè shìjiè li bèi tā dàizǒu le bù shǎo de yúncǎi. Tā zài wǒmen zhèxiē péngyou zhīzhōng, zhēnshì yīpiàn zuì kě'ài de yúncǎi, yǒngyuǎn shì wēnnuǎn de yánsè, yǒngyuǎn shì měi de huāyàng, yǒngyuǎn shì kě'ài. Tā cháng shuō: Wǒ bù zhīdao fēng shì zài nà yī gè fāngxiàng chuī — wǒmen yě bù zhīdao fēng shì zài nà yī gè fāngxiàng chuī, kě shì kuángfēng guòqù zhīhòu, wǒmen de tiānkōng biàn cǎndàn le, biàn jìmò le, wǒmen cái gǎnjué wǒmen de tiānshàng de yī piàn zuì kě'ài de yúncǎi bèi kuángfēng juǎnqù le, yǒngyuǎn bu huílai le!

Zhè shíjǐ tiān li, cháng yǒu péngyou dào jiāli lái tán Zhìmó, tán qǐlái chángcháng yǒu rén tòngkū. Zài biéchù tòngkū tā de, yīdìng hái bù shǎo. Zhìmó suǒyǐ néng shǐ péngyou zhèyàng āiniàn tā, zhǐshì yīnwèi tā de wéirén zhěnggè de zhǐshì yī tuán tóngqíng xīn, zhǐshì yī tuán ài. Yè Gōngchāo xiānsheng shuō, tā duìyú rènhé rén, rènhé shì, cóngwèi yǒuguò juéduì de yuànhèn, shénzhì yú wúyì zhōng dōu méiyǒu biǎoshìguò yīxiē zēngjí de shénqì.

Chén Tōngbó xiānsheng shuō, yóuqí péngyou lǐ quēbùliǎo tā. Tā shì wǒmen de liánsuǒ, tā shì niánzhuó xìng de, fājiào xìng de. Zài zhè qī-bā nián zhōng, guónèi wényì jiè li qǐle 'bù shǎo de fēngbō, chǎole bù shǎo de jià, xǔduō hěn shú de péngyou wǎngwǎng nòng de bù néng jiànmiàn. Dàn wǒ méiyǒu tīngjiàn yǒurén yuànhèngguò Zhìmó. Shuí yě bù néng dǐkàng Zhìmó de tóngqíng xīn, shuí yě bù néng bìkāi tā de niánzhuó xìng. Tā cáishì héshìlǎo, shǐ wǒmen huáizhe wúqióng de tóngqíng, tā zǒngshì péngyou zhōngjiān de "liánsuǒ". Tā cóng méiyǒu yíxīn, tā cóng bùhuì dùjì. Shǐ zhèxiē duōyí shàn dù de rénmen shífēn cánkuì, yòu shífēn xiànmù.

Tā de yīshēng zhēnshì ài de xiàngzhēng. Ài shì tā de zōngjiào, tā de Shàngdì.

Wǒ pāndēngle wàn rèn de gāogāng, jīngjí zhālàn le wǒ de yīshang, wǒ xiǎng piāomiǎo de yúntiān wài wàng — Shàngdì, wǒ wàngbùjiàn nǐ!

Wǒ zài dàopáng jiàn yī gè xiǎohái: Huópō, xiù lì, lánlǚ de yīshān; tā jiào shēng "mā", yǎnli liàngzhe ài — Shàngdì, tā yǎnli yǒu nǐ!

《Tā Yǎnli Yǒu Nǐ》 Zhìmó jīn nián tā de 《Měng Hǔ Jí Zìxù》 li, céng shuō tā de xīnjìng shì "yī gè céngjīng yǒu dānchún xìnyǎng de liúrén huáiyí de tuífèi". Zhè jù huà shì tā zuì hǎo de zìshù. Tā de rénshēng guān zhēnshì yī zhǒng "dānchún xìnyǎng", zhè lǐmiàn zhǐyǒu sān gè dà zì: Yī gè shì ài, yī gè shì zìyóu, yī gè shì měi. Tā mèngxiǎng zhè sān gè lǐxiǎng de tiáojiàn nénggòu huìhé zài yī gè rénshēng li, zhèshì tā de "dānchún xìnyǎng". Tā de yīshēng de lìshǐ, zhǐshì tā zhuīqiú zhè gè dānchún xìnyǎng de shíxiàn de lìshǐ.

Shèhuì shàng duìyú tā de xíngwéi, wǎngwǎng yǒu bù liàngjiě de dìfāng, dōu zhǐ yīnwèi shèhuì shàng pīpíng tā de rén bù céng dǒngde Zhìmó de "dānchún xìnyǎng" de rénshēng guān. Tā de líhūn hé tā de dì-èr cì jiéhūn, shì tā yīshēng zuì shòu shèhuì yánlì pīpíng de liǎng jiàn shì. Xiànzài Zhìmó de guān yǐ gài le, ér shèhuì shàng de yìlùn hái wèi dìng. Dàn wǒmen zhīdao zhè liǎng jiàn shì de rén, dōu néng míngbai, zhìshǎo zài Zhìmó de fāngmiàn, zhè liǎng jiàn shì zuì kěyǐ dàibiǎo Zhìmó de dānchún lǐxiǎng de zhuīqiú. Tā wànfēn chéngkěn de xiāngxìn nà liǎng jiàn shì dōushì tā shíxiàn nà "měi yǔ ài yǔ zìyóu" de rénshēng de zhèngdàng bùzhòu. Zhè liǎng jiàn shì de jiéguǒ, zài biérén kànlái, sìhū dōu bù céng nénggòu shíxiàn Zhìmó de lǐxiǎng shēnghuó. Dàn dào jīn rì, wǒmen hái rěn yòng chéngbài lái yìlùn tā ma?

Wǒ rěnbùzhù wǒ de lìshǐ pǐ, jīntiān wǒ yào yǐnyòng yīdiǎn shénshèng de lìshǐ cáiliào, lái shuōmíng Zhìmó juéxīn líhūn shí de xīnlǐ. Mínguó shíyī nián sān yuè, tā zhèngshì xiàng tā de fūrén tíyì líhūn, tā gàosu tā, tāmen bù yīnggāi jìxù tāmen de méiyǒu àiqíng méiyǒu zìyóu de jiéhūn shēnghuó le, tā tíyì "zìyóu zhī chánghuán zìyóu", tā rènwéi zhè shì "bǐcǐ chóng jiàn shēngmìng zhī shǔguāng, bù shì zhī róng yè". Tā shuōō: Gù zhuǎn yè wéi rì, zhuǎn dìyù wéi tiāntáng, zhí zhǐgùjiān shì yǐ.......Zhēn shēngmìng bì zì fèndòu zì qiú délái, zhēn xìngfú yì bì zì fèndòu zì qiú délái, zhēn liàn'ài yì bì zì fèndòu zì qiú délái! Bǐcǐ qiántú wúxiàn,·······bǐcǐ yǒu gǎiliáng shèhuì zhī xīn, bǐcǐ yǒu zàofú rénlèi zhī xīn, qí xiān zì zuò bǎngyàng, yǒng jué zhì duàn, bǐcǐ zūnzhòng réngé, zìyóu líhūn, zhǐjué kǔtòng, shǐ zhào xìngfú, jiē zài cǐ yǐ.

Zhè xīnli wánquán shì qīngnián de Zhìmó de dānchún de lǐxiǎng zhǔyì, tā juéde nà méiyǒu ài yòu méiyǒu zìyóu de jiātíng shì kěyǐ cuīhuǐ tāmen de réngé de, suǒyǐ tā xiàle juéxīn, yào bǎ zìyóu chánghuán zìyóu, yào cóng zìyóu qiúde tāmen de zhēn shēngmìng, zhēn xìngfú, zhēn liàn'ài.

Hòulái tā huíguó le, hūn shì lí le, ér jiātíng hé shèhuì dōu bù néng liàngjiě tā. Zuì qíguài de shì tā hé tā yǐ líhūn de fūrén tōngxìn gèng qín, gǎnqíng gèng hǎo. Shèhuì shàng de rén gèng bù míngbai le. Zhìmó shì Liángrèngōng xiānsheng zuì àihù de xuéshēng, suǒyǐ Mínguó shí'èr nián Rèngōng xiānsheng céng xiě yī fēng hěn kěnqiè de xìn qù quàn tā. Zài zhè xīnli, Rèngōng tíchū liǎng diǎn: Qíyī, wàn bù róng yǐ tārén zhī kǔtòng, yì zìjǐ zhī kuàilè. Dì zhī cǐ jǔ, qí yú dì jiānglái zhī kuàilè néng dé yǔfǒu, dài máng rú bǔfēng, rán xiān yǐ yǔ duōshù rén yǐ wúliàng zhī kǔtòng.

追掉志摩

Qí'ér, liàn'ài shénshèng wéi jīn zhī shàonián suǒ lèdào.......Zī shì gài kě yù ér bù kě qiú.......Kuàng duō qíng duō gǎn zhī rén, qí huànxiǎng qǐluò hútū, ér děi mǎnzú de níngtiē yě jí nán. Suǒ mèngxiǎng zhī shénshèng jìngjiè kǒng zhōng bù kě dé, tú yǐ fánnǎo zhōng qí shēn yǐ ěr.

Rèngōng yòu shuō: Wūhū Zhìmó! Tiānxià qǐ yǒu yuánmǎn zhī yǔzhòu?·····Dāng zhī wúchái yǐ bù qiú yuánmǎn wéi shēnghuó tàidù, sī kěyǐ línglüè shēnghuó zhī miàowèi yǐ.·····Ruò chénmí yú bù kě bì dé zhī mèngjìng, cuòzhé shù cì, shēng yì jìn yǐ, yùyì chàchì yǐ sǐ, sǐ wéi wúmíng. Sǐ yóukě yě, zuì kěwèi zhě, bù sǐ bù shēng ér duòluò zhì bù fù néng zìbá. Wūhū Zhìmó, kě wú jù yé! Kě wú jù yé!

(Shí'èr nián yī yuè èr rì xìn)

Rèngōng yī yǎn kàntòu le Zhìmó de xíngwéi shì zhuīqiú yī zhǒng "mèngxiǎng de shénshèng jìngjiè", tā liàodào tā bì yào shīwàng, yòu pà tā shàonián rén shòubùqǐ jǐ cì cuòzhé, jiù huì sǐ, jiù huì duòluò. Suǒyǐ tā yǐ lǎoshī de zīgé jǐnggào tā: "Tiānxià qǐ yǒu yuánmǎn zhī yǔzhòu?"

Dàn zhèzhǒng fǎn lǐxiǎng zhǔyì shì Zhìmó suǒ bù néng chéngrèn de. Tā dáfù Rèngōng de xìn, dì-yī bù chéngrèn tā shì bǎ tārén de kǔtòng lái huàn zìjǐ de kuàilè. Tā shuō: Wǒ zhī gǎn mào shì zhī bù wěi, jié quánlì yǐ dòu zhě, fēi tè qiú miǎn xiōngcǎn zhī kǔtòng, shí qiú liángxīn zhī āndùn, qiú réngé zhī quèlì, qiú línghún zhī jiùdù ěr.

Rén shuí bù qiú yǒngdé? Rén shuí bù ān xiànchéng? Rén shuí bù wèi jiānxiǎn? Rán qiě yǒu tūwéi ér chū zhě, fú qǐde yǐ ér rán zāi?

Dì-èr, tā yě chéngrèn liàn'ài shì kě yù ér bù kě qiú de, dàn tā bù néng bù qù zhuīqiú. Tā shuō: Wǒ jiāng yú mángmáng rénhǎi zhōng fǎng wǒ wéiyī línghún zhī bànlǚ; dé zhī, wǒ xìng; bù dé, wǒ mìng, rúcǐ éryǐ.

Tā yòu xiāngxìn tā de lǐxiǎng shì kěyǐ chuàngzào péiyǎng chūlái de. Tā duì Rèngōng shuō: Jiēfū wú shī! Wǒ cháng fèn wǒ línghún zhī jīngsuǐ, yǐ níngchéng yī lǐxiǎng zhī míngzhū, hán zhī yǐ rèmǎn zhī xīnxuè, lǎngzhào wǒ shēn'ào zhī língfǔ. Ér yǒngsú jì zhī jí zhī, zhé yù mámù qí línghún, dǎosuì qí lǐxiǎng, shāmiè qí xīwàng, wūhuǐ qí chúnjié! Wǒ zhī bù liúrù duòluò, liúrù yōngnuò, liú rù bēi wū, qí jǐ yì wēi yǐ!

Wǒ jīntiān fābiǎo zhè sān fēng bù céng fābiǎoguò de xìn, yīnwèi zhè jǐ fēng xìn zuì néng biǎoxiàn nà gè dānchún de lǐxiǎng zhǔyì zhě Xú Zhìmó. Tā shēnxìn lǐxiǎng de rénshēng bìxū yǒu ài, bìxū yǒu zìyóu, bìxū yǒu měi; tā shēnxìn zhèzhǒng sānwèi-yītǐ de rénshēng shì kěyǐ zhuīqiú de, zhǐshǎo shì kěyǐ yòng chúnjié de xīnxuè péiyǎng chūlái de. — Wǒmen ruò cóng zhè gè guāndiǎn lái guānchá Zhìmó de yīshēng, tā zhè shí nián zhōng de yīqiè xíngwéi jiù quán kěyǐ liǎojiě le. Wǒ hái kěyǐ shuō, zhǐyǒu cóng zhè gè guāndiǎn shàng cái kěyǐ liǎojiě Zhìmó de xíngwéi; wǒmen bìxū xiān rènqīng le tā de dānchún xìnyǎng de rénshēng guān, fāngcái rèndeqīng Zhìmó de wéirén.

Zhìmó zuìjìn jǐ nián de shēnghuó, tā chéngrèn shì shībài. Tā yǒu yī shǒu 《Shēnghuó》 de shī, shī li àncǎn de kěpà: !

> Yīnchén, hēi'àn, dúshé shìde wānyán, shēnghuó bīchéng le yī tiáo yǒngdào: Yī xiànrù, nǐ zhǐ kě xiàngqián, shǒu ménsuǒzhe lěng bì de niáncháo, zài yāomó de zàngfǔ nèi zhēngzhá, tóudǐng bù jiàn yīxiàn de tiānguāng, zhè húnpò, zài kǒngbù de yāpò xià, chúle xiāomiè gèng yǒu shíme yuànwàng?

> (Shíjiǔ nián wǔ yuè èrshíjiǔ rì)

Tā de shībài shì yī gè dānchún de lǐxiǎng zhǔyì zhě de shībài. Tā de zhuīqiú, shǐ wǒmen cánkuì, yīnwèi wǒmen de xìnxīn tài xiǎo le, cóng bù gǎn mèngxiǎng tā de mèngxiǎng. Tā de shībài, yě yīnggāi shǐ wǒmen duì tā biǎoshì gèng shēnhòu de gōngjìng yǔ tóngqíng, yīnwèi ruòdà de shìjiè zhīzhōng, zhǐyǒu tā yǒu zhè xìnxīn, màole jué dà de wēixiǎn, fèile wúshù de máfán, xīshēngle yīqiè píngfán de ānyì, xīshēngle jiātíng de qīnyì hé rénjiān de míngyù, qù zhuīqiú, qù shìyàn yī gè "mèngxiǎng zhī shénshèng jìngjiè", ér zhōngyú miǎnbùliǎo cǎnkù de shībài, yě bù wánquán shì tā de rénshēng guān de shībài. Tā de shībài shì yīnwèi tā de xìnyǎng tài dānchún le, ér zhè gè xiànshí shìjiè tài fùzá le, tā de dānchún de xìnyǎng jìnbùqǐ zhè gè xiànshí shìjiè de cuīhuǐ; zhèngrú Yìbǔshēng de shījù Brand li de nà gè lǐxiǎng zhǔyì zhě, bàozhe tā de lǐxiǎng, zài rénjiān chùchù pèng dīngzi, pèng de jiāotóu-làn'é, shībài ér sǐ.

Rán'ér wǒmen de Zhìmó "zài zhè kǒngbù de yāpò xià", cóng bù jiào yī shēng "wǒ tóuxiáng le"! Tā cóng bù céng wánquán juéwàng, tā cóng bù céng juéduì yuànhèn shuí. Tā duì wǒmen shuō: Nǐmen bù néng gèng duō de zébèi. Wǒ juéde wǒ yǐ shì mǎntóu de xuèshuǐ, néng bù dītóu yǐ suànshì hǎo de. 《Měng Hǔ Jí Zìxù》 shì de, tā bù céng dītóu. Tā réngjiù ángqǐ tóu lái zuòrén; tā réngjiù shì tā nà yī tuán de tóngqíng xīn, yī tuán de ài. Wǒmen kàn tā tì péngyou zuòshì, tì tuántǐ zuòshì, tā zǒngshì réngjiù nàyàng rèxīn, réngjiù nàyàng gāoxìng. Jǐ nián de cuòzhé, shībài, kǔtòng, sìhū shǐ tā gèng chéngshú le, gèng kě'ài le.

Tā de kǔtòng zhīzhōng, réngjiù jìxù tā de gēchàng. Tā de shī zuòfēng yě gèng chéngshú le. Tā suǒwèi "chūqī de xiōngyǒng xìng" gùrán shì méiyǒu le, zuòpǐn yě jiǎnshǎo le; dànshì tā de yìjìng biàn shēnhòu le, bǐzhì biàn dànyuǎn le, jìshù hé fēnggé dōu gèng jìnbù le. Zhè shì dú 《Měng Hǔ Jí》 de rén dōu néng gǎnjué dào de.

Zhìmó zìjǐ xīwàng jīnnián shì tā de "yī gè zhēnzhèng de fùhuó de jīhuì". Tā shuō: Táiqǐ tóu jūrán yòu jiàndào tiān le. Yǎnjīng zhēngkāi le, xīn yě gēnzhe kāishǐle tiàodòng.—

Wǒmen yī bān péngyou dōu tì tā gāoxìng. Tā zhè jǐ nián lái xiǎng yòng xīnxuè jiāoguàn de huāshù yěxǔ shì kūwěi de le; dàn tā de tóngqíng, tā de gǔwǔ, zǎo

追掉志摩

yòu zài bié de yuándì li zhòngchū wúshù de kě'ài de xiǎoshù, kāichū le wúshù kě'ài de xiānhuā. Tā zìjǐ de gēchàng yǒu yī gè shídài shì jīhū xiāochén le; dàn tā de gēshēng yǐnqǐ le tā de yuándì wài wúshù de gēhóu, liáoliàng de chàng, āiyuàn de chàng, měilì de chàng. Zhè dōushì tā de ānwèi, dōu shǐ tā gāoxìng.

Shuí yě xiǎngbùdào zài zhè gè zuì yǒu xīwàng de fùhuó shídài, tā jìng diūle wǒmen zǒu le! Tā de 《Měng Hǔ Jí》 li yǒu yī shǒu yǒng yī zhī huánglí de shī, xiànzài chóngdú le, hǎoxiàng tā zài nàli miáoxiě tā zìjǐ de sǐ, hé wǒmen duì tā de sǐ de bēi'āi; děnghòu tā chàng, wǒmen jìngzhe wàng, pà jīnglè tā. Dàn tā yī zhǎnchì, chōngpò nóngmì, huà yī duǒ cǎiyún: Tā fēi le, bù jiàn le, méi le — xiàng shì chūnguāng, huǒyàn, xiàng shì rèqíng.

Zhìmó zhèyàng yī gè kě'ài de rén, zhēnshì yī piàn chūnguāng, yī tuán huǒyàn, yī qiāng rèqíng. Xiànzài nándào dōu wán le?

Jué bù! Jué bù! Zhìmó zuì ài tā zìjǐ de yī shǒu xiǎoshī, tímù jiàozuò 《Ǒurán 》, zài tā de 《Biàn Kūngāng》 jùběn li, zài nà gè kě'ài de háizi Ā Míng línsǐ shí, nà gè xiāzi dànzhe sānxián, chàngzhe zhè shǒu shī: Wǒ shì tiānkōng li de yī piàn yún, ǒu'ěr tóuyǐng zài nǐ de bōxīn — nǐ bù bì yàyì, gèng wú xū huānxǐ — zài zhuǎnshùn jiān xiāomièle zōngyǐng.

Nǐ wǒ xiāngféng zài hēi'àn de hǎi shàng, nǐ yǒu nǐ de, wǒ yǒu wǒ de, fāngxiàng.

Nǐ jìde yě hǎo, zuìhǎo nǐ wàngdiào, zài zhè jiāohuì shí hù fàng de guāngliàng!

Péngyoumen, Zhìmó shì zǒu le, dàn tā tóu de yǐngzi huì yǒngyuǎn liúzài wǒmen xīnli, tā fàng de guāngliàng yě huì yǒngyuǎn liúzài rénjiān, tā bù céng báilái le yīshì. Wǒmen yǒule tā zuò péngyou, yě kěyǐ ānwèi zìjǐ shuō bù céng báilái le yīshì. Wǒmen wàngbùliǎo, hé wǒmen zài nà jiāohuì hù fàng de guāngliàng!

Èrshí nián, shí'èr yuè, sān yè.

追掉志摩

朱自清

# Introduction to Zhu Ziqing

Zhu Ziqing (1898-1948) was a prominent Chinese poet, essayist, and educator. He was born and raised in Zhejiang province in 1898.

Zhu Ziqing wrote exemplary poems and prose, but became most famous through his essays. He finished secondary school in 1916 and attended Peking University where he met his wife, Wu Zongqian. He earned his first degree in 1920 and then began to teach in various secondary schools in Hangzhou, Yangzhou, Shanghai and Ningbo. Zhu Ziqing's writing career started early when he was still in his twenties. His abilities were first recognized for his lengthy poem "Destruction" (《毁灭》 Huǐmiè) in 1923. In 1924, he published his first collection of poems and prose called "Trace" (《踪迹》 Zōngjì). In 1925, he accepted a position as professor at Qinghua University teaching Chinese Literature. Three years later in 1928, he released a collection of essays called "Retreating Figure" (《背影》 Bèiyǐng) which became widely popular and earned him a name as a dynamic author and poet. However, it was also the time when his wife passed away, which caused him much grieving.

Zhu Ziqing's appreciation of language motivated him to pursue language studies abroad. In 1931-1932, he studied English literature and linguistics in London and travelled throughout Europe. He met his second wife, Chen Zhuyin, and re-married. In July 1932, he returned to China and became dean of Qinghua University's Chinese Language Department.

Zhu Ziqing's work can be divided into three categories. The first is discussing the dark reality of social life. Representative works are 《生命价格—— 七毛钱》《白种人——上帝的骄子》 and 《执政府大屠杀记》. The second category is discussing human relations such as a father and son, wife and husband, and friends. Representative

works from this category are 《背影》《儿女》 and 《悼亡妇》. The third category is discussing natural scenery as exemplified by 《绿》《春》《桨声灯影里的秦淮河》 and 《荷塘月色》. Zhu Ziqing's most notable works are 《背影》 and 《荷塘月色》.

Many admired Zhu for his upright, hard-working and untiring character. He was socially active and a remembered pioneer of modernism in the 1920s. He was a supporter of the May Fourth Movement, which was an anti-imperialist, cultural and political movement facilitated by Beijing student activists directed towards the weak response of the Chinese government in signing the Treaty of Versailles in 1918.

In 1937, when the second Sino-Japanese War began, Zhu Ziqing followed his university and moved to western China. After the war, Zhu Ziqing went back to Beijing where he continued teaching at Qinghua University. During this time, he encouraged his students to oppose Chiang Kai-Shek for restarting the civil war against the communists.

Zhu died in 1948 due to a severe stomach illness. Thirty years after his death, "The Ziqing Pavilion" was built in Qinghua University, where he had taught for many years, to commemorate his important contributions to Chinese literature and to the university. In April 1987, the university erected a white marble statue of Zhu Ziqing at the lotus pond inside the campus.

His essays and poems are still read in China today. Primary and secondary school children learn his name at a young age when they are required to memorize some of his poems. His pieces, 《绿》, 《春》, 《背影》, and 《荷塘月色》 are included in primary and secondary school textbooks.

Haste

《匆匆》

《Cōngcōng》

《匆匆》 was first published on April 11<sup>th</sup>, 1922 in *Current Affairs – Literature Xunkan* 《时事新报·文学旬刊》 (*Shíshì Xīnbào · Wénxué Xúnkān*). (Note: 旬刊 refers to a publication that publishes every 10 days). *Haste* is a prose poem discussing the author's feelings about time passing by. Reading *Haste* is to ponder the quality of life and to be reminded that we should live each day to the fullest.

## 《匆匆[1]》

　　燕子[2]去了，有再来的时候；杨柳[3]枯[4]了，有再青的时候；桃花[5]谢[6]了，有再开的时候。但是，聪明的，你告诉我，我们的日子为什么一去不复返[7]呢？——是有人偷[8]了他们罢[9]：那是谁？又藏[10]在何处[11]呢？是他们自己逃[12]走了罢：现在又到了哪里呢？我不知道他们给了我多少日子；但我的手确乎[13]是渐渐[14]空虚[15]了。在默默[16]里算着，八千多日子已经从我手中溜去；像针尖[17]上一滴[18]水滴[19]在大海里，我的日子滴在时间的流里，没有声音，也没有影子。我不禁头涔涔[20]而泪潸潸[21]了。

---

[1] 匆匆 － cōngcōng － hurriedly; hastily
[2] 燕子 － yànzi － swallow
[3] 杨柳 － yángliǔ － poplar (杨树) and willow trees (柳树); sometimes refers to willow trees (柳树) only
[4] 枯 － kū － (of plants) to wither; to dry up
[5] 桃花 － táohuā － peach blossom
[6] 谢 － xiè － to decline; to wane (of flowers)
[7] 一去不复返 － yī qù bù fùfǎn － (成语) (especially of time) gone for ever; gone never to return
[8] 偷 － tōu － to rob; to steal
[9] 罢 － ba － (古文) auxiliary word used at the end of a declarative sentence
[10] 藏 － cáng － to hide
[11] 何处 － héchù － where
[12] 逃 － táo － to run away; to escape
[13] 确乎 － quèhū － really; indeed
[14] 渐渐 － jiànjiàn － gradually; increasingly; slowly; little by little; step by step
[15] 空虚 － kōngxū － hollow; empty
[16] 默默 － mòmò － quietly
[17] 针尖 － zhēnjiān － pinpoint
[18] 滴 － dī － dripping; drop
[19] 水滴 － shuǐ dī － water-drop
[20] 头涔涔 － tóu céncén － with one's head (头) sweating (涔涔) (because of anxiety or other reasons)
[21] 泪潸潸 － lèi shānshān － tearfully

去的尽管[22]去了，来的尽管来着；去来的中间，又怎样地匆匆呢？早上我起来的时候，小屋里射[23]进两三方[24]斜斜[25]的太阳。太阳他有脚啊，轻轻悄悄[26]地挪移[27]了；我也茫茫然[28]跟着旋转[29]。于是——洗手的时候，日子从水盆[30]里过去；吃饭的时候，日子从饭碗里过去；默默时，便从凝然[31]的双眼前过去。我觉察[32]他去的匆匆了，伸出手[33]遮挽[34]时，他又从遮挽着的手边过去，天黑时，我躺在床上，他便伶伶俐俐[35]地从我身上跨过，从我脚边飞去了。等我睁开[36]眼和太阳再见，这算又溜走了一日。我掩[37]着面叹息[38]。但是新来的日子的影儿又开始在叹息里闪[39]过了。在逃去如飞的日子里，在千门万户[40]的世界里的我能做些什么呢？只有徘徊[41]罢了，只有匆匆罢了；在八千多日的匆匆里，除徘徊外，又剩些什么呢？过去的日子如轻烟[42]，被微风[43]吹散了，如薄雾[44]，被初阳[45]蒸

---

[22] 尽管 – jǐnguǎn – although; while; though

[23] 射 – shè – to shine; to illuminate; to light up; to irradiate; to beam

[24] 方 – fāng – square meter

[25] 斜斜 – xiéxié – oblique; slanting; inclined; tilted

[26] 轻轻悄悄 – qīngqīng qiāoqiāo – lightly (轻) and silently (悄)

[27] 挪移 – nuóyí – move

[28] 茫茫然 – mángmángrán – in absent way; at a loss

[29] 旋转 – xuánzhuǎn – to rotate; to circle; to spin; to revolve

[30] 水盆 – shuǐpén – basin

[31] 凝然 – níngrán – firmly

[32] 觉察 – juéchá – to detect; to perceive; to discover

[33] 伸出手 – shēnchū shǒu – offer one's hand; stretch out (伸出) one's hand (手)

[34] 遮挽 – zhēwǎn – to screen; to shield; to protect

[35] 伶伶俐俐 – línglíng-lìlì – light and handy

[36] 睁开 – zhēngkāi – to open

[37] 掩 – yǎn – to cover

[38] 叹息 – tànxī – to sigh; to heave a sigh

[39] 闪 – shǎn – flash; flicker

[40] 千门万户 – qiānmén-wànhù – (成语) numerous households

[41] 徘徊 – páihuái – to hang about; to pace up and down

[42] 轻烟 – qīngyān – wisp of smoke

[43] 微风 – wēifēng – gentle breeze

[44] 薄雾 – báo wù – mist; haze

融<sup>46</sup>了；我留着些什么痕迹<sup>47</sup>呢？我何曾<sup>48</sup>留着像游丝<sup>49</sup>样的痕迹呢？我赤裸裸<sup>50</sup>来到这世界，转眼间<sup>51</sup>也将赤裸裸的回去罢？但不能平的，为什么偏要<sup>52</sup>白白走这一遭<sup>53</sup>啊？你聪明的，告诉我，我们的日子为什么一去不复返呢？

1 9 2 2 年 3 月 2 8 日

---

## 《Cōngcōng》

Yànzi qù le, yǒu zài lái de shíhou; yángliǔ kū le, yǒu zài qīng de shíhou; táohuā xiè le, yǒu zài kāi de shíhou. Dànshì, cōngming de, nǐ gàosu wǒ, wǒmen de rìzi wèishénme yī qù bù fùfǎn ne? —— shì yǒu rén tōule tāmen ba: Nà shì shuí? Yòu cángzài héchù ne? Shì tāmen zìjǐ táozǒu le ba: Xiànzài yòu dàole nǎli ne? Wǒ bù zhīdao tāmen gěile wǒ duōshǎo rìzi; dàn wǒ de shǒu quèhū shì jiànjiàn kōngxū le. Zài mòmò li suànzhe, bāqiān duō rìzi yǐjīng cóng wǒ shǒuzhōng liūqù; xiàng zhēnjiān shàng yī dī shuǐ dīzài dàhǎi li, wǒ de rìzi dīzài shíjiān de liú li, méiyǒu shēngyīn, yě méiyǒu yǐngzi. Wǒ bùjìn tóu céncén ér lèi shānshān le.

Qùde jǐnguǎn qù le, láide jǐnguǎn láizhe; qù lái de zhōngjiān, yòu zěnyàng de cōngcōng ne? Zǎoshàng wǒ qǐlái de shíhou, xiǎo wūli shèjin liǎng-sān fāng xiéxié de tàiyáng. Tàiyáng tā yǒu jiǎo a, qīngqīng qiāoqiāo de nuóyí le; wǒ yě mángmángrán gēnzhe xuánzhuǎn. Yúshì —— xǐshǒu de shíhou, rìzi cóng shuǐpén li guòqù; chīfàn de shíhou, rìzi cóng fànwǎn li guòqù; mòmò shí, biàn cóng níngrán de shuāngyǎn qián guòqù. Wǒ juéchá tā qùde cōngcōng le, shēnchū shǒu zhēwǎn shí, tā yòu cóng zhēwǎnzhe de shǒu biān guòqù, tiānhēi shí, wǒ tǎngzài chuángshàng, tā biàn línglíng-lìlì de cóng wǒ shēnshàng kuàguò, cóng wǒ jiǎo biān fēiqù le. Děng wǒ zhēngkāi yǎn hé tàiyáng zài jiàn, zhè suàn yòu liūzǒu le yī rì. Wǒ yǎnzhe miàn tànxī. Dànshì xīnlái de rìzi de yǐngr yòu kāishǐ zài tànxī li shǎnguò le. Zài táoqù rú fēi de rìzi li, zài qiānmén-wànhù de shìjiè li de wǒ néng zuòxiē shénme ne? Zhǐyǒu páihuái bàle, zhǐyǒu cōngcōng bàle; zài bāqiān duō rì de cōngcōng li, chú páihuái wài, yòu shèngxiē shénme ne? Guòqù de rìzi rú qīngyān, bèi wēifēng chuīsàn le, rú báo wù, bèi chūyáng zhēngróng le; wǒ liúzhe xiē shénme hénjì ne? Wǒ hécéng liúzhe xiàng yóusī yàng de hénjì ne? Wǒ chìluǒluǒ láidào zhè shìjiè, zhuǎnyǎn jiān yě jiāng chìluǒluǒ de huíqù ba? Dàn bù néng píngde, wèishénme piānyào báibái zǒu zhè yī zāo a? Nǐ cōngming de, gàosu wǒ, wǒmen de rìzi wèishénme yī qù bù fùfǎn ne?

Yī jiǔ èr èr nián sān yuè èrshíbā rì

---

White People: God's Favorite Son

《白种人——上帝的骄子！》

《Báizhǒngrén —— Shàngdì de Jiāozǐ!》

This piece of prose was first published on July 5th, 1925 in *Literature Weekly* 《文学周报》 (Wénxué Zhōubào). In *White People: God's Favorite Son,* Zhu Ziqing discusses the dark reality of social life. During a personal experience, Zhu Ziqing is shocked to find that even Western children living in China know the social status of Westerners and Chinese. While the author feels that children are the world's to own, he is shocked to find that a small child gives him a dirty, scornful look.

去年暑假到上海，在一路电车的头等[4]里，见一个大西洋人带着一个小西洋人，相并[5]地坐着。我不能确说他俩是英国人或美国人；我只猜他们是父与子。那小西洋人，那白种的孩子，不过十一二岁光景[6]，看去是个可爱的小孩，引[7]我久长的注意。他戴[8]着平顶硬草帽[9]，帽檐[10]下端正[11]地露[12]着长圆的小脸。白中透红[13]的面颊[14]，眼睛上有着金黄的长睫毛[15]，显出[16]和平与秀美[17]。

我向来有种癖气[18]：见了有趣的小孩，总想和他亲热[19]，做好同伴[20]；若[21]不能亲热，便[22]随时亲近[23]亲近也好。在高等小学时，附设[24]的

---

[1] 白种人 - báizhǒngrén - people of the white race
[2] 上帝 - Shàngdì - God
[3] 骄子 - jiāozǐ - favorite son
[4] 头等 - tóuděng - first-class; tip-top
[5] 相并 - xiāngbìng - abreast
[6] 光景 - guāngjǐng - about; around
[7] 引 - yǐn - to attract
[8] 戴 - dài - to wear; to put on
[9] 平顶硬草帽 - píngdǐng yìng cǎomào - hard (硬) straw (草) hat (帽) with a flat (平) top (顶)
[10] 帽檐 - màoyán - brim (檐) of a hat (帽)
[11] 端正 - duānzhèng - upright
[12] 露 - lù - to reveal; to show
[13] 透红 - tòuhóng - rosy; bright red
[14] 面颊 - miànjiá - cheek
[15] 长睫毛 - cháng jiémáo - long (长) eyelashes (睫毛)
[16] 显出 - xiǎnchū - to manifest; to give evidence
[17] 秀美 - xiùměi - graceful; excellent
[18] 癖气 - pǐqì - hobby
[19] 亲热 - qīnrè - affectionate; intimate
[20] 同伴 - tóngbàn - companion
[21] 若 - ruò - if

初等<sup>25</sup>里，有一个养着乌黑的秀发<sup>26</sup>的刘君<sup>27</sup>，真是依人<sup>28</sup>的小鸟一般；牵<sup>29</sup>着他的手问他的话时，他只静静地微仰<sup>30</sup>着头，小声儿回答——我不常看见他的笑容，他的脸老是那么幽静<sup>31</sup>和真诚<sup>32</sup>，皮下却烧<sup>33</sup>着亲热的火把<sup>34</sup>。我屡次<sup>35</sup>让他到我家来，他总不肯；后来两年不见，他便死了。我不能忘记他！我牵过他的小手，又摸过他的圆下巴<sup>36</sup>。但若遇着蓦生<sup>37</sup>的小孩，我自然不能这么做，那可有些窘<sup>38</sup>了；不过也不要紧，我可用我的眼睛看他——一回，两回，十回，几十回！孩子大概不很注意人的眼睛，所以尽<sup>39</sup>可<sup>40</sup>自由地看，和看女人要遮遮掩掩<sup>41</sup>的不同。我凝视<sup>42</sup>过许多初会面的孩子，他们都不曾向我抗议<sup>43</sup>；至多拉着同在的

---

<sup>22</sup> 便 – biàn – then; thereupon

<sup>23</sup> 亲近 – qīnjìn – close; intimate

<sup>24</sup> 附设 – fùshè – to have as an ancillary or subsidiary organization

<sup>25</sup> 初等 – chūděng – primary (school)

<sup>26</sup> 乌黑的秀发 – wūhēi de xiùfà – raven black tresses; raven black graceful hair

<sup>27</sup> 刘君 – Liú jūn – Sir Liu

　　　 君 – gentleman

<sup>28</sup> 依人 – yīrén – clinging (of a timid and lovable young woman)

　　　 小鸟依人 (成语): (of a young woman) acting as a little bird (小鸟) resting/relying (依) on a man (人).

<sup>29</sup> 牵 – qiān – pull; lead along

<sup>30</sup> 微仰 – wēi yǎng – to slightly (微) raise (仰)

<sup>31</sup> 幽静 – yōujìng – sequestered; be quiet and secluded; peaceful

<sup>32</sup> 真诚 – zhēnchéng – true; genuine; sincere

<sup>33</sup> 烧 – shāo – to burn

<sup>34</sup> 火把 – huǒbǎ – torch

<sup>35</sup> 屡次 – lǚcì – often; many times; repeatedly; again and again

<sup>36</sup> 下巴 – xiàba – chin

<sup>37</sup> 蓦生 – mòshēng – strange; unfamiliar; or "陌生" in modern Chinese

<sup>38</sup> 窘 – jiǒng – embarrassing; distressing

<sup>39</sup> 尽 – jìn – all; completely; exhaustively

<sup>40</sup> 可 – kě – to approve; to permit; to allow

<sup>41</sup> 遮遮掩掩 – zhēzhē-yǎnyǎn – (of a lady) half hiding her face in the crowd to show her tenderness and modesty.

<sup>42</sup> 凝视 – níngshì – to gaze; to stare

<sup>43</sup> 抗议 – kàngyì – to protest; to object; to remonstrate

母亲的手，或倚<sup>44</sup>着她的膝头<sup>45</sup>，将<sup>46</sup>眼看她两看罢了。所以我胆子<sup>47</sup>很大。这回在电车里又发了老癖气，我两次三番<sup>48</sup>地看那白种的孩子，小西洋人！

初时他不注意或者不理会<sup>49</sup>我，让我自由地看他。但看了不几回，那父亲站起来了，儿子也站起来了，他们将<sup>50</sup>到站了。这时意外的事来了。那小西洋人本坐在我的对面；走近我时，突然将脸尽力<sup>51</sup>地伸<sup>52</sup>过来了，两只蓝眼睛大大地睁着，那好看的睫毛已看不见了；两颊的红也已褪<sup>53</sup>了不少了。和平，秀美的脸一变而为粗俗<sup>54</sup>，凶恶<sup>55</sup>的脸了！他的眼睛里有话："咄<sup>56</sup>！黄种人<sup>57</sup>，黄种的支那<sup>58</sup>人，你——你看吧！你配看我！"他已失<sup>59</sup>了天真<sup>60</sup>的稚气<sup>61</sup>，脸上满布<sup>62</sup>着横秋<sup>63</sup>的老气了！我因

---

<sup>44</sup> 倚 - yǐ - to lean on; to be near to
<sup>45</sup> 膝头 - xītóu - knee
<sup>46</sup> 将 - jiāng - to use
<sup>47</sup> 胆子 - dǎnzi - courage
<sup>48</sup> 两次三番 - liǎngcìsānfān - (成语) again and again; repeatedly; twice and three times; over and over again (also 三番两次)
<sup>49</sup> 理会 - lǐhuì - to take notice of; to pay attention to
<sup>50</sup> 将 - jiāng - will; be going to
<sup>51</sup> 尽力 - jìnlì - to strive for; to try one's best
<sup>52</sup> 伸 - shēn - to stretch; to extend
<sup>53</sup> 褪 - tuì - (of colors) to fade
<sup>54</sup> 粗俗 - cūsú - coarse; uncouth
<sup>55</sup> 凶恶 - xiōng'è - fierce; ferocious; inhuman
<sup>56</sup> 咄 - duō - (古文) exclamation word; tut-tut
<sup>57</sup> 黄种人 - huángzhǒngrén - (古文) People of yellow race, mainly distributed in Asia. Amerindians and Inuit (formally called Eskimos) in the arctic region also belong to this race.
<sup>58</sup> 支那 - Zhīnà - China (a transliteration, used in translations of Buddhist scriptures, and by the Japanese until recently)
<sup>59</sup> 失 - shī - to lose
<sup>60</sup> 天真 - tiānzhēn - innocent; naive; artless
<sup>61</sup> 稚气 - zhìqì - childishness
<sup>62</sup> 满布 - mǎn bù - filled with; full of

此宁愿[64]称他为[65]"小西洋人"。他伸着脸向我足[66]有两秒钟；电车停了，这才胜利地掉[67]过头，牵着那大西洋人的手走了。大西洋人比儿子似乎要高出[68]一半；这时正注目[69]窗外，不曾看见下面的事。儿子也不去告诉他，只独断独行[70]地伸他的脸；伸了脸之后，便又若无其事[71]的，始终[72]不发一言[73]——在沉默[74]中得着胜利，凯旋[75]而去。不用说，这在我自然是一种袭击[76]，"出其不意，攻其不备[77]"的袭击！

这突然的袭击使我张皇失措[78]；我的心空虚[79]了，四面的压迫[80]很严重，使我呼吸不能自由。

---

[63] 横秋 – héngqiū – 老气横秋 (成语): literally means that the autumn (秋) is filled (横) with seriousness and coldness (老气); be proud of one's superiority; arrogant on account of one's superiority; lacking in youthful vigor

[64] 宁愿 – nìngyuàn – would rather; better

[65] 称为 – chēng wéi – to call; to be known as

[66] 足 – zú – enough; ample; sufficient

[67] 掉头 – diàotóu – to turn around; to turn about

[68] 高出 – gāochū – to tower above

[69] 注目 – zhùmù – to gaze at; to fix one's eyes on; focus

[70] 独断独行 – dúduàn-dúxíng – (成语) to go one's own way; to act personally in all affairs; to decide and act alone

[71] 若无其事 – ruòwú-qíshì – (成语) as if nothing had happened; calmly; casually

[72] 始终 – shǐzhōng – all along; from beginning to end; from start to finish

[73] 不发一言 – bùfā-yīyán – to not say a word; without a word; wordless

[74] 沉默 – chénmò – silent; wordless

[75] 凯旋 – kǎixuán – triumphant return

[76] 袭击 – xíjī – surprise attack

[77] 出其不意，攻其不备 – chūqí-bùyì, gōngqí-bùbèi – (成语) to send troops (出兵) when the enemy (其) is not (不) on close guard (意) and to attack (攻) them where they are not well-prepared (备). Or 出其不意，攻其无备 (chūqí-bùyì, gōngqí-wúbèi), cited from the famous ancient Chinese military treatise 《孙子兵法》 (Sūnzǐ Bīngfǎ, The Art of War), written by 孙子 (Sunzi, also referred to as Sun Tzu).

[78] 张皇失措 – zhānghuáng-shīcuò – (成语) panic-stricken

[79] 空虚 – kōngxū – hollow; empty

[80] 压迫 – yāpò – to oppress; to repress

我曾在 N 城的一座桥上，遇见一个女人；我偶然[81]地看她时，她却垂[82]下了长长的黑睫毛，露[83]出老练[84]和鄙夷[85]的神色。那时我也感着压迫和空虚，但比起这一次，就稀薄[86]多了：我在那小西洋人两颗枪弹[87]似的眼光之下，茫然[88]地觉着有被吞食[89]的危险，于是[90]身子不知不觉地缩小——大有在奇境[91]中的阿丽思[92]的劲儿[93]！我木木然[94]目送那父与子下了电车，在马路上开步走；那小西洋人竟[95]未[96]一回头，断然[97]地去了。我这时有了迫切[98]的国家之感！我做着黄种的中国人，而现在还是白种人的世界，他们的骄傲[99]与践踏[100]当然会来的；我所以张皇失措而觉着恐怖者，因为那骄傲我的，践踏我的，不是别人，只是一个十来岁的"白种的"孩子，竟是一个十来岁的白种的"孩子"！我向来总觉得孩子应该是世界的，不应该是一种，一国，一乡，一家的。我因此不能

---

[81] 偶然 – ǒurán – accidentally; by chance
[82] 垂 – chuí – to hang down
[83] 露 – lòu – to show; to become visible; to reveal
[84] 老练 – lǎoliàn – experienced; skillful; seasoned; hard-boiled
[85] 鄙夷 – bǐyí – despise; disdain; scorn
[86] 稀薄 – xībó – thin; scarce; rare
[87] 枪弹 – qiāngdàn – bullet
[88] 茫然 – mángrán – at a loss; perplexed
[89] 吞食 – tūnshí – to devour
[90] 于是 – yúshì – as a result; therefore; whereupon
[91] 奇境 – qíjing – wonderland
[92] 阿丽思 – Ālìsī – Alice
[93] 劲儿 – jìnr – pizazz; strength; energy
[94] 木木然 – mùmùrán – stunned; stupefied
[95] 竟 – jìng – actually; unexpectedly
[96] 未 – wèi – not
[97] 断然 – duànrán – determined; resolute
[98] 迫切 – pòqiè – urgent; pressing; instant; imperative; crying; imperious
[99] 骄傲 – jiāo'ào – pride
[100] 践踏 – jiàntà – to tread; to tread on underfoot

容忍[101]中国的孩子叫西洋人为"洋鬼子[102]"。但这个十来岁的白种的孩子，竟已被揿[103]入人种与国家的两种定型[104]里了。他已懂得凭[105]着人种的优势[106]和国家的强力，伸着脸袭击我了。这一次袭击实是许多次袭击的小影，他的脸上便缩印[107]着一部中国的外交史[108]。他之来上海，或无多日，或已长久，耳濡目染[109]，他的父亲，亲长[110]，先生，父执[111]，乃至[112]同国，同种，都以骄傲践踏对付[113]中国人；而他的读物[114]也推波助澜[115]，将中国编排[116]得一无是处[117]，以长[118]他自己的威风[119]。所以他向我伸脸，决非[120]偶然[121]而已。

---

[101] 容忍 – róngrěn – to endure; to bear; to forbear; to stand for; to tolerate; to put up with

[102] 洋鬼子 – yángguǐzi – foreign devil (a term used in preliberation China for foreign people)

[103] 揿 – qìn – to press

[104] 定型 – dìngxíng – pattern; style; stereotype

[105] 凭 – píng – to count on

[106] 优势 – yōushì – superiority

[107] 缩印 – suōyìn – to reprint books in a reduced format

[108] 外交史 – wàijiāo shǐ – diplomatic (外交) history (史)

[109] 耳濡目染 – ěrrú-mùrǎn – (成语) to be unconsciously influenced by what one frequently hears and sees

[110] 亲长 – qīnzhǎng – parents and elders

[111] 父执 – fùzhí – father's friends

[112] 乃至 – nǎizhì – even

[113] 对付 – duìfù – to cope with; to bear up; to deal with; to attack; to tackle

[114] 读物 – dúwù – reading material; reading matter

[115] 推波助澜 – tuībō-zhùlán – (成语) to make a stormy sea stormier; to add fuel to the fire; to set the heather on fire
　　　　推, 助 – to promote, to facilitate
　　　　波澜 – billow; great wave.

[116] 编排 – biānpái – to set up; to arrange

[117] 一无是处 – yīwú-shìchù – (成语) to be a bundle of negatives; without a single virtue

[118] 长 – zhǎng – to increase

[119] 威风 – wēifēng – power and prestige

[120] 决非 – juéfēi – surely not (subjectively)

这是袭击，也是侮蔑[122]，大大的侮蔑！我因了自尊，一面感着空虚，一面却又感着愤怒[123]；于是有了迫切[124]的国家之念。我要诅咒[125]这小小的人！但我立刻恐怖[126]起来了：这到底只是十来岁的孩子呢，却已被传统[127]所埋葬[128]；我们所日夜想望着的"赤子之心[129]"，世界之世界（非某种人的世界，更非某国人的世界！），眼见得在正来的一代，还是毫无信息的！这是你的损失[130]，我的损失，他的损失，世界的损失；虽然是怎样渺小[131]的一个孩子！但这孩子却也有可敬[132]的地方：他的从容[133]，他的沉默[134]，他的独断独行，他的一去不回头，都是力的表现[135]，都是强者适[136]者的表现。决不婆婆妈妈[137]的，决不粘粘搭搭[138]的，一针见血[139]，一刀两断[140]，这正是白种人之所以[141]为白种人。

---

[122] 侮蔑 – wǔmiè – despise

[123] 愤怒 – fènnù – anger; wrath; fury; indignation

[124] 迫切 – pòqiè – pressing; urgent; imperative

[125] 诅咒 – zǔzhòu – curse; swear

[126] 恐怖 – kǒngbù – terrifying

[127] 传统 – chuántǒng – tradition

[128] 埋葬 – máizàng – to bury; to wreck; to wipe off the earth once and for all

[129] 赤子之心 – chìzǐ zhī xīn – (成语) the innocence of childhood; utter purity, loyalty and earnest

之 is an auxiliary word used between a modifier and a noun.

[130] 损失　sǔnshī　loss

[131] 渺小 – miǎoxiǎo – insignificant; negligible

[132] 可敬 – kějìng – esteemed; worthy of respect; respected

[133] 从容 – cóngróng – calm

[134] 沉默 – chénmò – quiet; taciturn

[135] 表现 – biǎoxiàn – behavior

[136] 适 – shì – suitable

[137] 婆婆妈妈 – pópó-māmā – (成语) womanishly fussy; sentimental; garrulous

[138] 粘粘搭搭 – niánnián-dādā – weak-minded, undetermined; easily influenced by others

[139] 一针见血 – yīzhēn-jiànxiě – (成语) to hit someone on the raw; penetratingly

[140] 一刀两断 – yīdāo-liǎngduàn – (成语) to completely wash up; to make a clean break

我真是一个矛盾[142]的人。无论如何[143]，我们最要紧的还是看看自己，看看自己的孩子！谁也是上帝之骄子；这和昔日[144]的王侯将相[145]一样，是没有种的！

1925年6月19日夜

---

[141] 之所以 – zhīsuǒyǐ – used in the former clause of a compound sentence of cause and effect to introduce the consequence while the latter one explains the reason.

[142] 矛盾 – máodùn – conflict; contradiction

[143] 无论如何 – wúlùn rúhé – (成语) however; anyway; anyhow

[144] 昔日 – xīrì – in former days; in the past

[145] 王侯将相 – wánghóu-jiàngxiàng – (成语) the aristocrats including emperors (王), nobilities (侯), generals (将) and prime ministers (相) in the feudal period of China.

《Báizhǒngrén —— Shàngdì de Jiāozǐ!》

Qùnián shǔjià dào Shànghǎi, zài yīlù diànchē de tóuděng li, jiàn yī gè dà xīyángrén dàizhe yī gè xiǎo xīyángrén, xiāngbìng de zuòzhe. Wǒ bù néng què shuō tā liǎng shì Yīngguórén huò Měiguórén; wǒ zhǐ cāi tāmen shì fù yǔ zǐ. Nà xiǎo xīyángrén, nà báizhǒng de háizi, bùguò shíyī-èr suì guāngjǐng, kànqù shì gè kě'ài de xiǎohái, yǐn wǒ jiǔcháng de zhùyì. Tā dàizhe píngdǐng yìng cǎomào, màoyán xià duānzhèng de lùzhe cháng yuán de xiǎoliǎn. Báizhōng-tòuhóng de miànjiá, yǎnjīng shàng yǒuzhe jīnhuáng de cháng jiémáo, xiǎnchū hépíng yǔ xiùměi.

Wǒ xiànglái yǒu zhǒng pǐqì: Jiànle yǒuqù de xiǎohái, zǒng xiǎng hé tā qīnrè, zuò hǎo tóngbàn; ruò bù néng qīnrè, biàn suíshí qīnjìn qīnjìn yě hǎo. Zài gāoděng xiǎoxué shí, fùshè de chūděng li, yǒu yī gè yǎngzhe wūhēi de xiùfà de Liú jūn, zhēnshì yīrén de xiǎoniǎo yībān; qiānzhe tā de shǒu wèn tā de huà shí, tā zhǐ jìngjing de wēi yǎngzhe tóu, xiǎoshēngr huídá — wǒ bù cháng kànjiàn tā de xiàoróng, tā de liǎn lǎoshì nàme yōujìng hé zhēnchéng, píxià què shāozhe qīnrè de huǒbǎ. Wǒ lǚcì ràng tā dào wǒ jiā lái, tā zǒng bù kěn; hòulái liǎng nián bù jiàn, tā biàn sǐ le. Wǒ bù néng wàngjì tā! Wǒ qiāngguò tā de xiǎoshǒu, yòu mōguò tā de yuán xiàba. Dàn ruò yùzhe mòshēng de xiǎohái, wǒ zìrán bù néng zhème zuò, nà kě yǒuxiē jiǒng le; bùguò yě bù yàojǐn, wǒ kě yòng wǒ de yǎnjīng kàn tā — yī huí, liǎng huí, shí huí, jǐshí huí! Háizi dàgài bù hěn zhùyì rén de yǎnjīng, suǒyǐ jìn kě zìyóu de kàn, hé kàn nǚrén yào zhēzhē-yǎnyǎn de bù tóng. Wǒ níngshìguò xǔduō chū huìmiàn de háizi, tāmen dōu bù céng xiàng wǒ kàngyì; zhìduō lāzhe tóng zài de mǔqīn de shǒu, huò yǐzhe tā de xītóu, jiāng yǎn kàn tā liǎng kàn bàle. Suǒyǐ wǒ dǎnzi hěn dà. Zhè huí zài diànchē li yòu fāle lǎo pǐqì, wǒ liǎngcì-sānfān de kàn nà báizhǒng de háizi, xiǎo xīyángrén!

Chūshí tā bù zhùyì huòzhě bù lǐhuì wǒ, ràng wǒ zìyóu de kàn tā. Dàn kànle bù jǐ huí, nà fùqīn zhàn qǐlái le, érzi yě zhàn qǐlái le, tāmen jiāng dàozhàn le. Zhèshí yìwài de shì lái le. Nà xiǎo xīyángrén běn zuòzài wǒ de duìmiàn; zǒujìn wǒ shí, tūrán jiāng liǎn jìnlì de shēn guòlái le, liǎng zhī lán yǎnjīng dàdà de zhēngzhe, nà hǎokàn de jiémáo yǐ kànbùjiàn le; liǎngjiá de hóng yě yǐ tuìle bù shǎo le. Hépíng, xiùměi de liǎn yī biàn ér wéi cūsú, xiōng'è de liǎn le! Tā de yǎnjīng li yǒu huà: "Duō! Huángzhǒngrén, huángzhǒng de zhīnàrén, nǐ — nǐ kàn ba! Nǐ pèi kàn wǒ!" Tā yǐ shīle tiānzhēn de zhìqì, liǎnshàng mǎn bùzhe héngqiū de lǎoqì le! Wǒ yīncǐ nìngyuàn chēng tā wéi "xiǎo xīyángrén". Tā shēnzhe liǎn xiàng wǒ zú yǒu liǎng miǎozhōng; diànchē tíng le, zhè cái shènglì de diàoguò tóu, qiānzhe nà dà xīyángrén de shǒu zǒu le. Dà xīyángrén bǐ érzi sìhū yào gāochū yībàn; zhè shí zhèng zhùmù chuāngwài, bù céng kànjiàn xiàmiàn de shì. Érzi yě bù qù gàosu tā, zhǐ dúduàn-dúxíng de shēn tā de liǎn; shēnle liǎn zhīhòu, biàn yòu ruòwú-qíshì de, shǐzhōng bùfā-yīyán — zài chénmò zhōng dézhe shènglì, kǎixuán ér qù. Bùyòng shuō, zhè zài wǒ zìrán shì yī zhǒng xíjī, "chūqí-bùyì, gōngqí-bùbèi" de xíjī!

Zhè tūrán de xíjī shǐ wǒ zhānghuáng-shīcuò; wǒ de xīn kōngxū le, sìmiàn de yāpò hěn yánzhòng, shǐ wǒ hūxī bù néng zìyóu.

Wǒ céng zài N chéng de yī zuò qiáo shàng, yùjiàn yī gè nǚrén; wǒ ǒurán de kàn tā shí, tā què chuíxià le chángcháng de hēi jiémáo, lòuchū lǎoliàn hé bǐyí de shénsè. Nàshí wǒ yě gǎnzhe yāpò hé kōngxū, dàn bǐ qǐ zhè yī cì, jiù xībó duō le: Wǒ zài nà xiǎo xīyángrén liǎng kē qiāngdàn shìde yǎnguāng zhīxià, mángrán de juézhe yǒu bèi tūnshí de wēixiǎn, yúshì shēnzi bùzhī-bùjué de suōxiǎo — dàyǒu zài qíjìng zhōng de Ālìsī de jìnr! Wǒ mùmùrán mùsòng nà fù yǔ zǐ xiàle diànchē, zài mǎlù shàng kāi bù zǒu; nà xiǎo xīyángrén jìng wèi yī huítóu, duànrán de qù le. Wǒ zhèshí yǒule pòqiè de guójiā zhī gǎn! Wǒ zuòzhe huángzhǒng de Zhōngguórén, ér xiànzài háishì báizhǒngrén de shìjiè, tāmen de jiāo'ào yǔ jiàntà dāngrán huì lái de; wǒ suǒyǐ zhānghuáng-shīcuò ér juézhe kǒngbù zhě, yīnwèi nà jiāo'ào wǒ de, jiàntà wǒ de, bù shì biérén, zhǐshì yī gè shí lái suì de "báizhǒng de" háizi, jìng shì yī gè shí lái suì de báizhǒng de "háizi"! Wǒ xiànglái zǒng juéde háizi yīnggāi shì shìjiè de, bù yīnggāi shì yī zhǒng, yī guó, yī xiāng, yī jiā de. Wǒ yīncǐ bù néng róngrěn Zhōngguó de háizi jiào xīyángrén wéi "yángguǐzi". Dàn zhè gè shí lái suì de báizhǒng de háizi, jìng yǐ bèi qìnrù rénzhǒng yǔ guójiā de liǎng zhǒng dìngxíng li le. Tā yǐ dǒng de píngzhe rénzhǒng de yōushì hé guójiā de qiánglì, shēnzhe liǎn xíjī wǒ le. Zhè yī cì xíjī shí shì xǔduō cì xíjī de xiǎo yǐng, tā de liǎnshàng biàn suōyìnzhe yī bù Zhōngguó de wàijiāo shǐ. Tā zhī lái Shànghǎi, huò wú duō rì, huò yǐ chángjiǔ, ěrrú-mùrǎn, tā de fùqīn, qīnzhǎng, xiānsheng, fùzhí, nǎizhì tóng guó, tóng zhǒng, dōu yǐ jiāo'ào jiàntà duìfù Zhōngguórén; ér tā de dúwù yě tuībō-zhùlán, jiāng Zhōngguó biānpái de yīwú-shìchù, yǐ zhǎng tā zìjǐ de wēifēng. Suǒyǐ tā xiàng wǒ shēn liǎn, juéfēi ǒurán éryǐ.

Zhè shì xíjī, yěshì wǔmiè, dàdà de wǔmiè! Wǒ yīnle zìzūn, yīmiàn gǎnzhe kōngxū, yīmiàn què yòu gǎnzhe fènnù; yúshì yǒule pòqiè de guójiā zhī niàn. Wǒ yào zǔzhòu zhè xiǎoxiǎo de rén! Dàn wǒ lìkè kǒngbù qǐlái le: Zhè dàodǐ zhǐshì shí lái suì de háizi ne, què yǐ bèi chuántǒng suǒ máizàng; wǒmen suǒ rìyè xiǎngwàngzhe de "chìzǐ zhī xīn", shìjiè zhī shìjiè (fēi mǒu zhǒng rén de shìjiè, gèng fēi mǒu guó rén de shìjiè!), yǎnjiàn de zài zhèng lái de yī dài, háishì háowú xìnxī de! Zhè shì nǐ de sǔnshī, wǒ de sǔnshī, tā de sǔnshī, shìjiè de sǔnshī; suīrán shì zěnyàng miǎoxiǎo de yī gè háizi! Dàn zhè háizi què yě yǒu kějìng de dìfang: Tā de cóngróng, tā de chénmò, tā de dúduàn-dúxíng, tā de yī qù bù huítóu, dōushì lì de biǎoxiàn, dōushì qiángzhě shìzhě de biǎoxiàn. Jué bù pópó-māmā de, jué bù niánnián-dādā de, yīzhēn-jiànxiě, yīdāo-liǎngduàn, zhè zhèngshì báizhǒngrén zhīsuǒyǐ wéi báizhǒngrén.

Wǒ zhēnshì yī gè máodùn de rén. Wúlùn rúhé, wǒmen zuì yàojǐn de háishì kànkàn zìjǐ, kànkàn zìjǐ de háizi! Shuí yěshì Shàngdì zhī jiāozǐ; zhè hé xīrì de wánghóu-jiàngxiàng yīyàng, shì méiyǒu zhǒng de!

Yī jiǔ èr wǔ nián liù yuè shíjiǔ rì yè

白种人——上帝的骄子!

# View of My Father's Back

《背影》

《Bèiyǐng》

This piece of prose was first published on November 22$^{nd}$, 1925 in *Literature Weekly* 《文学周报》 (Wénxué Zhōubào). *View of My Father's Back* is a famous piece, which depicts a scene of Zhu Ziqing's father bidding him farewell at the railway station in Nanjing. As the father stumbles to climb up and down the train platform, Zhu Ziqing is reminded of the true feelings between them, awkward and clumsy.

《背影¹》

　　我与²父亲不相见已二年余³了，我最不能忘记的是他的背影。那年冬天，祖母死了，父亲的差使⁴也交卸⁵了，正是祸不单行⁶的日子，我从北京到徐州⁷，打算跟着父亲奔丧⁸回家。到徐州见着父亲，看见满院狼藉⁹的东西，又想起祖母，不禁簌簌¹⁰地流下眼泪。父亲说，"事已如此¹¹，不必难过，好在¹²天无绝人之路¹³！"

　　回家变卖¹⁴典质¹⁵，父亲还¹⁶了亏空¹⁷；又借钱办了丧事¹⁸。这些日子，家中光景很是惨淡¹⁹，一半为了丧事，一半为了父亲赋闲²⁰。丧事完毕，父亲要到南京谋事²¹，我也要回北京念书，我们便同行。

---

¹ 背影 – bèiyǐng – a view of someone's back

² 与 – yǔ – and

³ 余 – yú – odd; over; more than

⁴ 差使 – chāishǐ – assignment; errand

⁵ 交卸 – jiāoxiè – to release an officer from his post and handle related procedures for the new officer

⁶ 祸不单行 – huòbù-dānxíng – (成语) misfortunes (祸) never (不) come (单) singly (行)

⁷ 徐州 – Xúzhōu – Xuzhou, a city in Jiangsu (江苏, Jiāngsū) Province

⁸ 奔丧 – bēnsāng – to go and attend a funeral for the death of one's parents

⁹ 狼藉 – lángjí – in disorder; scattered about in a mess

¹⁰ 簌簌 – sùsù – (of tears) streaming down

¹¹ 如此 – rúcǐ – so

¹² 好在 – hǎozài – luckily

¹³ 天无绝人之路 – tiān wú jué rén zhī lù – Heaven (天) never (无) cuts off (绝) a man's (人) roads/means (路); there is always a way out.
　　之 is an auxiliary word used between a modifier and a noun.

¹⁴ 变卖 – biànmài – to sell out (one's estate)

¹⁵ 典质 – diǎnzhì – mortgage

¹⁶ 还 – huán – to give something in return; to repay

¹⁷ 亏空 – kuīkōng – deficit; debt

¹⁸ 丧事 – sāngshì – funeral affairs; funeral arrangements

到南京时，有朋友约<sup>22</sup>去游逛<sup>23</sup>，勾留<sup>24</sup>了一日；第二日上午便须渡江<sup>25</sup>到浦口<sup>26</sup>，下午上车北去。父亲因为事忙，本已说定不送我，叫旅馆里一个熟识的茶房陪我同去。他再三<sup>27</sup>嘱咐<sup>28</sup>茶房，甚是仔细<sup>29</sup>。但他终于不放心，怕茶房不妥帖<sup>30</sup>；颇<sup>31</sup>踌躇<sup>32</sup>了一会。其实我那年已二十岁，北京已来往过两三次，是没有甚么要紧的了。他踌躇了一会，终于决定还是自己送我去。我两三回劝<sup>33</sup>他不必去；他只说，"不要紧，他们去不好！"

　　我们过了江，进了车站。我买票，他忙着照看<sup>34</sup>行李。行李太多了，得向脚夫<sup>35</sup>行些小费，才可过去。他便又忙着和他们讲价钱。我那时真是聪明过分，总觉他说话不大漂亮，非自己插嘴<sup>36</sup>不可<sup>37</sup>。但他终于讲定了价钱；就送我上车。他给我拣<sup>38</sup>定了靠车门的一张椅子；我将他给我做的紫毛<sup>39</sup>大衣铺<sup>40</sup>好坐位。他嘱我路上小心，夜里警醒<sup>41</sup>些，不

---

<sup>19</sup> 惨淡 – cǎndàn – desolate
<sup>20</sup> 赋闲 – fùxián – unemployed
<sup>21</sup> 谋事 – móushì – to look for a job
<sup>22</sup> 约 – yue – to ask or invite (someone) out in advance
<sup>23</sup> 游逛 – yóuguàng – to go sightseeing and shopping
<sup>24</sup> 勾留 – gōuliú – to stop over; or 逗留 (dòuliú) in modern Chinese
<sup>25</sup> 渡江 – dùjiāng – to cross (渡) a river (江)
<sup>26</sup> 浦口 – Pǔkǒu – Pukou, a district in Nanjing City, Jiangsu Province
<sup>27</sup> 再三 – zàisān – over and over again
<sup>28</sup> 嘱咐 – zhǔfù – to enjoin; to exhort
<sup>29</sup> 仔细 – zǐxì – thorough; careful
<sup>30</sup> 妥帖 – tuǒtiē – properly arranged; satisfactorily arranged
<sup>31</sup> 颇 – pō – rather
<sup>32</sup> 踌躇 – chóuchú – to hang about; to pace up and down
<sup>33</sup> 劝 – quàn – to advise; to urge; to try to persuade
<sup>34</sup> 照看 – zhàokàn – to attend to; to look after
<sup>35</sup> 脚夫 – jiǎofū – bearer; porter
<sup>36</sup> 插嘴 – chāzuǐ – to cut in; to get a word in edgewise
<sup>37</sup> 非...不可 – to not do something (非) is not possible (不可)
<sup>38</sup> 拣 – jiǎn – to choose; to select
<sup>39</sup> 紫毛 – zǐ máo – purple (紫) wool (毛)

要受凉[42]。又嘱托[43]茶房好好照应[44]我。我心里暗笑他的迂[45]；他们只认得钱，托他们直是白托[46]！而且我这样大年纪的人，难道[47]还不能料理[48]自己么？唉[49]，我现在想想，那时真是太聪明了！

我说道，"爸爸，你走吧。"他往车外看了看，说，"我买几个橘子去。你就在此地，不要走动。"我看那边月台[50]的栅栏[51]外有几个卖东西的等着顾客。走到那边月台，须穿过铁道[52]，须跳[53]下去又爬上去。父亲是一个胖子，走过去自然要费事[54]些。我本来要去的，他不肯，只好让他去。我看见他戴[55]着黑布[56]小帽，穿着黑布大马褂[57]，深青布棉袍[58]，蹒跚[59]地走到铁道边，慢慢探身[60]下去，尚[61]不大难。可是他

---

[40] 铺 – pū – to cover; to put something on

[41] 警醒 – jǐngxǐng – vigilant; alert

[42] 受凉 – shòuliáng – to catch a cold

[43] 嘱托 – zhǔtuō – entrust

[44] 照应 – zhàoyìng – to look after; to take care of; to see after; to care for

[45] 迂 – yū – stubborn adherence to outworn rules and ideas; pedantry

[46] 白托 – báituō – to seek help from in vain

[47] 难道 – nándào – is it possible that; could it be that; used to give force to a rhetorical question

[48] 料理 – liàolǐ – manage

[49] 唉 – ai – exclamation word; alas

[50] 月台 – yuètái – railway platform

[51] 栅栏 – zhàlán – fence; railing

[52] 铁道 – tiědào – railway; railroad

[53] 跳 – tiào – to jump; to leap

[54] 费事 – fèishì – to give or take a lot of trouble

[55] 戴 – dài – to wear; to put on (a hat, glasses, gloves, jewelry, helmet, etc)

[56] 黑布 – hēi bù – black (黑) cloth (布)

[57] 马褂 – mǎguà – mandarin jacket worn over a gown

[58] 棉袍 – miánpáo – cotton (棉) wadded robe (袍)

[59] 蹒跚 – pánshān – to walk haltingly; to stagger

[60] 探身 – tànshēn – to stretch forward; to lean out

[61] 尚 – shàng – still; yet

穿过铁道，要爬上那边月台，就不容易了。他用两手攀[62]着上面，两脚再向上缩[63]；他肥胖[64]的身子向左微倾[65]，显出努力的样子。这时我看见他的背影，我的泪很快地流下来了。我赶紧[66]拭干[67]了泪，怕他看见，也怕别人看见。我再向外看时，他已抱[68]了朱红[69]的橘子往回走了。过铁道时，他先将橘子散放[70]在地上，自己慢慢爬下，再抱起橘子走。到这边时，我赶紧去搀[71]他。他和我走到车上，将橘子一股脑儿[72]放在我的皮大衣[73]上。于是扑[74]扑衣上的泥土[75]，心里很轻松似的，过一会说，"我走了；到那边来信！"我望着他走出去。他走了几步，回过头看见我，说，"进去吧，里边没人。"等他的背影混入[76]来来往往的人里，再找不着了，我便进来坐下，我的眼泪又来了。

近几年来，父亲和我都是东奔西走[77]，家中光景是一日不如[78]一日。他少年出外谋生[79]，独力支持，做了许多大事。那知老境[80]却如此

---

[62] 攀 – pān – to hold; to cling to

[63] 缩 – suō – to shrink; to hold back

[64] 肥胖 – féipàng – fat; corpulent; puffy

[65] 微倾 – wēiqīng – to lean forward (倾) slightly (微)

[66] 赶紧 – gǎnjǐn – to lose no time; to proceed apace; to hasten

[67] 拭干 – shìgān – to dry; to wipe (one's tears)

[68] 抱 – bào – carry in one's arms

[69] 朱红 – zhūhóng – vermillon; bright red

[70] 散放 – sǎnfàng – to place something down in disorder; to scatter something

[71] 搀 – chān – to help by the arm; to support with hand

[72] 一股脑儿 – yīgǔnǎor – (成语) completely

[73] 皮大衣 – pídàyī – fur or leather (皮) coat (大衣)

[74] 扑 – pū – to beat; to strike

[75] 泥土 – nítǔ – dirt; soil; clay

[76] 混入 – hùnrù – to blend with

[77] 东奔西走 – dōngbēn-xīzǒu – (成语) to run or rush here and there

[78] 不如 – bù rú – not up to; inferior to

[79] 谋生 – móushēng – to earn/make a living; to support oneself; to seek a livehood

[80] 老境 – lǎojìng – life and circumstances in old age

颓唐<sup>81</sup>！他触目伤怀<sup>82</sup>，自然情不能自已<sup>83</sup>。情郁于中<sup>84</sup>，自然要发之于外<sup>85</sup>；家庭琐屑<sup>86</sup>便往往触<sup>87</sup>他之怒<sup>88</sup>。他待<sup>89</sup>我渐渐<sup>90</sup>不同往日<sup>91</sup>。但最近两年的不见，他终于忘却我的不好，只是惦记<sup>92</sup>着我，惦记着我的儿子。我北来后，他写了一信给我，信中说道，"我身体平安，惟<sup>93</sup>膀子<sup>94</sup>疼痛利害，举箸提笔<sup>95</sup>，诸多<sup>96</sup>不便<sup>97</sup>，大约大去<sup>98</sup>之期不远矣<sup>99</sup>。"我读到此处，在晶莹<sup>100</sup>的泪光中，又看见那肥胖的，青布棉袍，黑布马褂的背影。唉！我不知何时再能与他相见！

1 9 2 5 年 1 0 月在北京。

---

<sup>81</sup> 颓唐 – tuítáng – decay; dejected; dispirited

<sup>82</sup> 触目伤怀 – chùmù-shānghuái – (成语) the sight stirs up one's sad feelings

<sup>83</sup> 情不自已 – qíng bù zì yǐ – (成语): (one is so touched that he/she is ) unable (不) to control (已) his/her own (自) feeling (情)

<sup>84</sup> 情郁于中 – qíng yù yú zhōng – strong feeling accumulated in one's heart

<sup>85</sup> 发之于外 – fā zhī yú wài – (the pent-up emotion) to be vented

<sup>86</sup> 琐屑 – suǒxiè – petty; unimportant; insignificant; small

<sup>87</sup> 触 – chù – to move one's heart

<sup>88</sup> 怒 – nù – anger; fury; rage

<sup>89</sup> 待 – dài – treat

<sup>90</sup> 渐渐 – jiànjiàn – gradually

<sup>91</sup> 往日 – wǎngrì – in former days; in bygone days

<sup>92</sup> 惦记 – diànjì – to remember; to be concerned about; to keep thinking about

<sup>93</sup> 惟 – wéi – only

<sup>94</sup> 膀子 – bǎngzi – upper arm

<sup>95</sup> 举箸提笔 – jǔ zhù tí bǐ – clumsy in holding (举) chopsticks (箸) and holding (提) pens (笔) (because one is getting old)

<sup>96</sup> 诸多 – zhūduō – a good deal; a lot of; many

<sup>97</sup> 不便 – bù biàn – inconvenient

<sup>98</sup> 大去 – dàqù – leave forever; pass away

<sup>99</sup> 矣 – yǐ – (古文) auxiliary word used to indicate completed action

<sup>100</sup> 晶莹 – jīngyíng – sparkling and crystal-clear

Wǒ yǔ fùqīn bù xiāngjiàn yǐ èr nián yú le, wǒ zuì bù néng wàngjì de shì tā de bèiyǐng. Nà nián dōngtiān, zǔmǔ sǐ le, fùqīn de chāishì yě jiāoxiè le, zhèngshì huòbùdānxíng de rìzi, wǒ cóng Běijīng dào Xúzhōu, dǎsuàn gēnzhe fùqīn bēnsāng huíjiā. Dào Xúzhōu jiànzhe fùqīn, kànjiàn mǎn yuàn lángjí de dōngxi, yòu xiǎngqǐ zǔmǔ, bùjīn sùsù de liúxià yǎnlèi. Fùqīn shuō, "Shì yǐ rúcǐ, bù bì nánguò, hǎozài tiān wú jué rén zhī lù!"

Huíjiā biànmài diǎnzhì, fùqīn huánle kuīkōng; yòu jiè qián bànle sāngshì. Zhèxiē rìzi, jiāzhōng guāngjǐng hěnshì cǎndàn, yībàn wèile sāngshì, yībàn wèile fùqīn fùxián. Sāngshì wánbì, fùqīn yào dào Nánjīng móushì, wǒ yě yào huí Běijīng niànshū, wǒmen biàn tóngxíng.

Dào Nánjīng shí, yǒu péngyou yuē qù yóuguàng, gōuliúle yī rì; dì-èr rì shàngwǔ biàn xū dùjiāng dào Pǔkǒu, xiàwǔ shàngchē běiqù. Fùqīn yīnwèi shì máng, běn yǐ shuōdìng bù sòng wǒ, jiào lǚguǎn li yī gè shúshí de cháfáng péi wǒ tóngqù. Tā zàisān zhǔfù cháfáng, shènshì zǐxì. Dàn tā zhōngyú bù fàngxīn, pà cháfáng bù tuǒtiē; pō chóuchúle yīhuì. Qíshí wǒ nà nián yǐ èrshí suì, Běijīng yǐ láiwǎngguò liǎng-sān cì, shì méiyǒu shènme yàojǐn de le. Tā chóuchúle yīhuì, zhōngyú juédìng háishì zìjǐ sòng wǒ qù. Wǒ liǎng-sān huí quàn tā bù bì qù; tā zhǐ shuō, "Bù yàojǐn, tāmen qù bù hǎo!"

Wǒmen guòle jiāng, jìnle chēzhàn. Wǒ mǎi piào, tā mángzhe zhàokàn xínglǐ. Xínglǐ tài duō le, děi xiàng jiǎofū xíng xiē xiǎofèi, cái kě guòqù. Tā biàn yòu mángzhe hé tāmen jiǎng jiàqián. Wǒ nàshí zhēnshì cōngming guòfèn, zǒng jué tā shuōhuà bù dà piàoliàng, fēi zìjǐ chāzuǐ bùkě. Dàn tā zhōngyú jiǎngdìng le jiàqián; jiù sòng wǒ shàng chē. Tā gěi wǒ jiǎndìng le kào chēmén de yī zhāng yǐzi; wǒ jiāng tā gěi wǒ zuò de zǐ máo dàyī pūhǎo zuòwèi. Tā zhǔ wǒ lùshàng xiǎoxīn, yèlǐ jǐngxǐng xiē, bùyào shòuliáng. Yòu zhǔtuō cháfáng hǎohǎo zhàoyìng wǒ. Wǒ xīnli ànxiào tā de yū; tāmen zhǐ rèn de qián, tuō tāmen zhíshì báituō! Érqiě wǒ zhèyàng dà niánjì de rén, nándào hái bù néng liàolǐ zìjǐ me? Ai, wǒ xiànzài xiǎngxiǎng, nà shí zhēnshì tài cōngming le!

Wǒ shuōdào, "Bàba, nǐ zǒu ba." Tā wǎng chēwài kànle kàn, shuō, "Wǒ mǎi jǐ gè júzi qù. Nǐ jiù zài cǐ dì, bùyào zǒudòng." Wǒ kàn nà biān yuètái de zhàlán wài yǒu jǐ gè mài dōngxi de děngzhe gùkè. Zǒudào nàbiān yuètái, xū chuānguò tiědào, xū tiào xiàqù yòu pá shàngqù. Fùqīn shì yī gè pàngzi, zǒu guòqù zìrán yào fèishì xiē. Wǒ běnlái yào qù de, tā bù kěn, zhǐhǎo ràng tā qù. Wǒ kànjiàn tā dàizhe hēi bù xiǎo mào, chuānzhe hēi bù dà mǎguà, shēnqīng bù miánpáo, pánshān de zǒudào tiědào biān, mànmàn tànshēn xiàqù, shàng bù dà nán. Kěshì tā chuānguò tiědào, yào páshàng nà biān yuètái, jiù bù róngyì le. Tā yòng liǎng shǒu pānzhe shàngmiàn, liǎng jiǎo zài xiàngshàng suō; tā féipàng de shēnzi xiàngzuǒ wēiqīng, xiǎnchū nǔlì de yàngzi. Zhèshí wǒ kànjiàn tā de bèiyǐng, wǒ de lèi hěnkuài de liú xiàlái le. Wǒ gǎnjǐn shìgān le lèi, pà tā kànjiàn, yě pà biérén kànjiàn. Wǒ zài xiàngwài kàn shí, tā yǐ bàole zhūhóng de júzi wǎng huízǒu le. Guò tiědào shí, tā xiān jiāng júzi sǎnfàng zài dìshàng, zìjǐ mànmàn páxià, zài bàoqǐ júzi zǒu. Dào zhèbiān shí, wǒ gǎnjǐn qù chān tā. Tā hé wǒ zǒudào chēshàng, jiāng júzi yīgǔnǎor fàngzài wǒ de pídàyī shàng. Yúshì pūpū yī shàng de nítǔ, xīnli hěn qīngsōng shìde, guò yīhuì shuō, "wǒ zǒule; dào nàbiān láixìn!" Wǒ wàngzhe tā zǒu chūqù. Tā zǒule jǐ bù, huíguò tóu kànjiàn wǒ, shuō, "Jìnqù ba, lǐbiān méi rén." Děng tā de bèiyǐng hùnrù láilái-wǎngwǎng de rén li, zài zhǎobùzháo le, wǒ biàn jìnlái zuòxià, wǒ de yǎnlèi yòu lái le.

Jìn jǐ nián lái, fùqīn hé wǒ dōushì dōngbēn-xīzǒu, jiāzhōng guāngjǐng shì yī rì bù rú yī rì. Tā shàonián chūwài móushēng, dúlì zhīchí, zuòle xǔduō dàshì. Nǎzhī lǎojìng què rúcǐ tuítáng! Tā chùmù-shānghuái, zìrán qíng bù néng zì yǐ. Qíng yù yú zhōng, zìrán yào fā zhī yú wài; jiātíng suǒxiè biàn wǎngwǎng chù tā zhī nù. Tā dài wǒ jiànjiàn bù tóng wǎngrì. Dàn zuìjìn liǎng nián de bù jiàn, tā zhōngyú wàngquè wǒ de bù hǎo, zhǐshì diànjìzhe wǒ, diànjìzhe wǒ de érzi. Wǒ běi lái hòu, tā xiěle yī xìn gěi wǒ, xìn zhōng shuōdào, "Wǒ shēntǐ píng'ān, wéi bǎngzi téngtòng lìhài, jǔ zhù tí bǐ, zhūduō bù biàn, dàyuē dàqù zhī qī bù yuǎn yǐ." Wǒ dúdào cǐ chù, zài jīngyíng de lèiguāng zhōng, yòu kànjiàn nà féipàng de, qīngbù miánpáo, hēi bù mǎguà de bèiyǐng. Ai! Wǒ bù zhī hé shí zài néng yǔ tā xiāngjiàn!

Yī jiǔ èr wǔ nián shí yuè zài Běijīng.

Lotus Pond by Moonlight

《荷塘月色》

《Hé Táng Yuè Sè》

This piece of prose was first published on July 10<sup>th</sup>, 1927 in *Short Story Monthly* 《小说月报》 (Xiǎoshuō Yuèbào). *Lotus Pond by Moonlight* is Zhu Ziqing's most melancholic prose and is one of his most widely read works. He wrote this piece during the aftermath of the Shanghai massacre of 1927, also known as the April 12 Incident (四一二惨案). This large-scale purge of communists from the Kuomintang, ordered by Chiang Kai-shek, left him depressed and confused. He was emotionally troubled while writing this piece.

During the daytime, he was constantly distracted and restless. During the quiet of the night, he could find calm and solace in nature and the beauty of the moon shining over the lotus pond. He sat by this pond while creating this work. The reflection of night light on the glimmering water, and the scent of the midnight lotus blossom inspired the birth of this great literary masterpiece.

In April 1987, the Qinghua University erected a white marble statue of Zhu Ziqing beside this lotus pond inside the campus.

《荷塘[1]月色》

　　忽然[2]想起日日走过的荷塘，在这满月[3]的光里，总该[4]另有[5]一番[6]样子吧。月亮渐渐地升高[7]了，墙外马路上孩子们的欢笑，已经听不见了；妻在屋里拍[8]着闰儿[9]，迷迷糊糊[10]地哼[11]着眠歌[12]。我悄悄地披[13]了大衫[14]，带上门出去。

　　沿着[15]荷塘，是一条曲折[16]的小煤屑[17]路。这是一条幽僻[18]的路；白天也少人走，夜晚更加寂寞[19]。荷塘四面，长着许多树，蓊蓊郁郁[20]

---

[1] 荷塘 – hé táng – lotus pond
[2] 忽然 – hūrán – suddenly
[3] 满月 – mǎn yuè – full (满) moon (月)
[4] 总该 – zǒng gāi – always should; completely should
[5] 另有 – lìng yǒu – there is (有) another (另)
[6] 番 – fān – a kind of
[7] 升高 – shēnggāo – to elevate; to rise; to hoist; to ascend
[8] 拍 – pāi – comfort; console
[9] 闰儿 – rùn'ér – Run'er, nickname of the author's child
[10] 迷迷糊糊 – mímí-húhú – in a daze
[11] 哼 – hēng – to hum (a song); to chant in a low voice
[12] 眠歌 – miángē – cradle song ; songs to put babies to sleep
[13] 披 – pī – to drape over one's shoulder
[14] 衫 – shān – a kind of long coat in ancient China
[15] 沿着 – yánzhe – along
[16] 曲折 – qūzhé – (of a road) bending; zigzag; tortuous; winding
[17] 煤屑 – méixiè – cinder; slack
[18] 幽僻 – yōupì – peaceful and wild
[19] 寂寞 – jìmò – solitary; lonely; lonesome
[20] 蓊蓊郁郁 – wěngwěng-yùyù – (of a plant) flourishing; lush; luxuriant

的。路的一旁，是些杨柳[21]，和一些不知道名字的树。没有月光的晚上，这路上阴森森[22]的，有些怕人。今晚却很好，虽然月光也还是淡淡[23]的。

路上只我一个人，背着手[24]踱[25]着。这一片天地好像是我的；我也像超出[26]了平常的自己，到了另一个世界里。我爱热闹，也爱冷静[27]；爱群居[28]，也爱独处[29]。像今晚上，一个人在这苍茫[30]的月下，什么都可以想，什么都可以不想，便觉是个自由的人。白天里一定要做的事，一定要说的话，现在都可以不理[31]。这是独处的妙处[32]，我且[33]受用[34]这无边[35]的荷香月色好了。

曲曲折折[36]的荷塘上面，弥望[37]的是田田[38]的叶子。叶子出水[39]很高，像亭亭[40]的舞女[41]的裙[42]。层层的叶子中间，零星[43]地点缀[44]着些白花，

---

[21] 杨柳 – yángliǔ – poplar (杨树) and willow trees (柳树); sometimes refers to willow trees (柳树) only

[22] 阴森森 – yīnsēnsēn – glomy; gruesome; ghastly

[23] 淡淡 – dàndàn – slight; dim

[24] 背手 – bēi shǒu – arms on the back

[25] 踱 – duó – to pace; to stroll

[26] 超出 – chāochū – to overtop; to surpass

[27] 冷静 – lěngjìng – calm; quiet

[28] 群居 – qúnjū – to live in groups; to live with many people

[29] 独处 – dúchǔ – to live alone

[30] 苍茫 – cāngmáng – boundless; vast; indistinct

[31] 不理 – bù lǐ – to pay no attention to; to take no notice of

[32] 妙处 – miàochù – benefit; advantage

[33] 且 – qiě – to be going to; will; shall

[34] 受用 – shòuyong – reap the benefits of; benefit from; profit by; enjoy

[35] 无边 – wúbiān – endless; boundless

[36] 曲曲折折 – qūqū-zhézhé – twisting along

[37] 弥望 – míwàng – to cover the horizon; to fill the landscape

[38] 田田 – tiántián – (of lotus leaves) close and linked to each other

[39] 出水 – chūshuǐ – to rise out of the water; (of the stems, leaves or flowers of aquatic plants) to rise out of the water

[40] 亭亭 – tíngtíng – (of women) graceful; elegant

[41] 舞女 – wǔnǚ – dancing girl

有袅娜[45]地开着的，有羞涩[46]地打着朵儿[47]的；正如[48]一粒粒[49]的明珠[50]，又如碧天[51]里的星星，又如刚出浴[52]的美人。微风过处[53]，送来缕缕[54]清香[55]，仿佛[56]远处高楼上渺茫[57]的歌声似的。这时候叶子与花也有一丝[58]的颤动[59]，像闪电[60]般，霎时[61]传过荷塘的那边去了。叶子本是肩并肩[62]密密[63]地挨[64]着，这便宛然[65]有了一道凝碧[66]的波痕[67]。叶子底下是脉脉[68]的流水，遮[69]住了，不能见一些颜色；而叶子却更见风致[70]了。

---

[42] 裙 – qún – skirt
[43] 零星 – língxīng – scattered; scrappy
[44] 点缀 – diǎnzhuì – embellished; ornamented; decorated; dotted
[45] 袅娜 – niǎonuó – willowy; slender and graceful
[46] 羞涩 – xiūsè – shy; bashful
[47] 朵儿 – duǒr – flower; bud
[48] 如 – rú – like; as if
[49] 粒 – lì – a grain of; a bead of
[50] 明珠 – míngzhū – pearl
[51] 碧天 – bìtiān – blue sky
[52] 出浴 – chūyù – to finish bathing
[53] 过处 – guò chù – pass through (过) the place (处)
[54] 缕缕 – lǚlǚ – continuous
[55] 清香 – qīngxiāng – delicate fragrance
[56] 仿佛 – fǎngfú – as if; like; similar
[57] 渺茫 – miǎománg – distant and indistinct; remote; vague
[58] 一丝 – yīsī – a little; slightly
[59] 颤动 – chàndòng – to tremble; to quiver; to vibrate
[60] 闪电 – shǎndiàn – lightning
[61] 霎时 – shàshí – in a split second; in a twinkling; in a very short time
[62] 肩并肩 – jiānbìngjiān – shoulder to shoulder; side by side
[63] 密密 – mìmì – thick; very close
[64] 挨 – āi – to get close to
[65] 宛然 – wǎnrán – as if; as though
[66] 凝碧 – níngbì – concentrated (凝) green (碧); deep green; dark green
[67] 波痕 – bōhén – wave mark; ripple mark
[68] 脉脉 – mòmò – affectionately; lovingly; amorously
[69] 遮 – zhē – to hide from view; to cover
[70] 风致 – fēngzhì – charming appearance; charm

月光如流水一般，静静地泻[71]在这一片叶子和花上。薄薄[72]的青雾[73]浮[74]起在荷塘里。叶子和花仿佛在牛乳中洗过一样；又像笼[75]着轻纱[76]的梦。虽然是满月，天上却有一层淡淡[77]的云，所以不能朗照[78]；但我以为这恰[79]是到了好处——酣眠[80]固不可少[81]，小睡[82]也别有风味的。月光是隔[83]了树照过来的，高处丛生[84]的灌木[85]，落下参差[86]的斑驳[87]的黑影，峭楞楞[88]如鬼一般；弯弯[89]的杨柳的稀疏[90]的倩影[91]，却又像是画[92]在荷叶

---

[71] 泻 – xiè – to pour down

[72] 薄薄 – báobáo – thin

[73] 青雾 – qīngwù – mist; smog

[74] 浮 – fú – on the surface; superficial

[75] 笼 – lǒng – to envelop; to shroud; to cover

[76] 轻纱 – qīngshā – light gauze

[77] 淡淡 – dàndàn – slight; dim; light

[78] 朗照 – lǎngzhào – to shine brightly

[79] 恰 – qià – suitable; properly; just

[80] 酣眠 – hānmián – to sleep peacefully; to sleep soundly

[81] 固不可少 – gù bù kě shǎo – indispensable; absolutely necessary; requisite; vital

[82] 小睡 – xiǎoshuì – nap

[83] 隔 – gé – at a distance from; after or at an interval of

[84] 丛生 – cóngshēng – (of plants) to grow thickly

[85] 灌木 – guànmù – bush; shrub

[86] 参差 – cēncī – uneven; irregular

[87] 斑驳 – bānbó – mottled; motley

[88] 峭楞楞 – qiàoléngléng – precipitous; steep

[89] 弯弯 – wānwān – bending

[90] 稀疏 – xīshū – few and scattered; thin; sparse; dispersed

[91] 倩影 – qiànyǐng – beautiful shadow

[92] 画 – huà – to draw; to paint

<sup>93</sup>上。塘中的月色并不均匀<sup>94</sup>；但光与影有着和谐<sup>95</sup>的旋律<sup>96</sup>，如梵婀玲<sup>97</sup>上奏<sup>98</sup>着的名曲。

荷塘的四面，远远近近，高高低低都是树，而杨柳最多。这些树将<sup>99</sup>一片荷塘重重围住<sup>100</sup>；只在小路一旁，漏<sup>101</sup>着几段<sup>102</sup>空隙<sup>103</sup>，像是特为月光留下的。树色一例<sup>104</sup>是阴阴<sup>105</sup>的，乍看<sup>106</sup>像一团<sup>107</sup>烟雾<sup>108</sup>；但杨柳的丰姿<sup>109</sup>，便在烟雾里也辨得出<sup>110</sup>。树梢<sup>111</sup>上隐隐约约<sup>112</sup>的是一带远山，只有些大意罢了。树缝<sup>113</sup>里也漏着一两点路灯光，没精打采<sup>114</sup>的，是渴睡人<sup>115</sup>的眼。这时候最热闹的，要数树上的蝉<sup>116</sup>声与水里的蛙声<sup>117</sup>；但热闹是它们的，我什么也没有。

---

<sup>93</sup> 荷叶 – hé yè – lotus leaf
<sup>94</sup> 均匀 – jūnyún – even; well-distributed; uniform
<sup>95</sup> 和谐 – héxié – harmonious
<sup>96</sup> 旋律 – xuánlǜ – melody; rhythm
<sup>97</sup> 梵婀玲 – fàn'ēlíng – violin
<sup>98</sup> 奏 – zòu – to play; to perform (music)
<sup>99</sup> 将 – jiāng – used in the same way as 把
<sup>100</sup> 围住 – wéizhù – to surround; to enclose; to encompass
<sup>101</sup> 漏 – lòu – to leak; to leave behind
<sup>102</sup> 段 – duàn – part of; quantifier used in the expression of length (e.g. cloth, road, time, etc.)
<sup>103</sup> 空隙 – kòngxì – rift; gap
<sup>104</sup> 一例 – yīlì – in the same way; in uniform
<sup>105</sup> 阴 – yīn – dark
<sup>106</sup> 乍看 – zhàkàn – at first glance; at first sight
<sup>107</sup> 团 – tuán – quantifier used to express substance in round shape or mass
<sup>108</sup> 烟雾 – yānwù – smoke; mist; vapor; smog
<sup>109</sup> 丰姿 – fēngzī – charm
<sup>110</sup> 辨得出 – biàndechū – able to tell apart; able to differentiate/distinguish
<sup>111</sup> 树梢 – shùshāo – treetop; tip of a tree
<sup>112</sup> 隐隐约约 – yǐnyǐn-yuēyuē – (成语) faint; indistinct
<sup>113</sup> 树缝 – shù fèng – cracks (缝) among trees (树)
<sup>114</sup> 没精打采 – méijīng-dǎcǎi – (成语) out of spirit
<sup>115</sup> 渴睡人 – kěshuì rén – sleepy (渴睡) person (人)

忽然想起采莲[118]的事情来了。采莲是江南[119]的旧俗[120]，似乎很早就有，而六朝[121]时为盛[122]；从诗歌里可以约略[123]知道。采莲的是少年的女子，她们是荡[124]着小船，唱着艳歌[125]去的。采莲人不用说很多，还有看采莲的人。那是一个热闹的季节[126]，也是一个风流[127]的季节。梁元帝[128]《采莲赋》[129]里说得好：

> 于是妖童媛女[130]，荡舟心许[131]；鹢首徐回[132]，兼传羽杯[133]；
> 棹将移[134]而藻挂[135]，船欲动[136]而萍开[137]。尔其纤腰束素[138]，

---

迁延顾步[139]；夏始春余[140]，叶嫩花初[141]，恐沾裳[142]而浅笑[143]，畏倾船[144]而敛裾[145]。

可见当时嬉游[146]的光景了。这真是有趣的事，可惜我们现在早已无福消受[147]了。

于是又记起《西洲曲》[148]里的句子：

采莲南塘秋[149]，莲花过人头；低头弄[150]莲子[151]，莲子清[152]如水。

---

[137] 萍开 – píng kāi – duckweed (萍) unfold (开)

[138] 尔其纤腰束素 – er qí xiān yāo shù sù – when it comes to (尔其) the girls with slender (纤) waists(腰) and dressed (束) in white (素).

[139] 迁延顾步 – qiān yán gù bù – slow down (迁延) and watch (顾) their steps (步)

[140] 夏始春余 – xià shǐ chūn yú – at the beginning (始) of the summer (夏) and the end (余) of the spring (春)

[141] 叶嫩花初 – yè nèn huā chū – the leaves (叶) are tender (嫩) and the fresh flowers (花) are going to blossom (初)

[142] 恐沾裳 – kǒng zhān cháng – afraid of wetting (沾) their clothes (裳) with water

[143] 浅笑 – qiǎn xiào – smile (笑) slightly (浅)

[144] 畏倾船 – wèi qīng chuán – fear (畏) that the boat (船) may be capsized (倾)

[145] 敛裾 – liǎn jū – hold tight (敛) the overlapping part of their skirts (裾)

[146] 嬉游 – xīyóu – have fun (嬉) on travel (游)

[147] 无福消受 – wúfú-xiāoshòu – (成语) not lucky enough to enjoy

[148] 西洲曲 – *Xī Zhōu Qǔ* – Song of the Western Islet, a type of *yuefu* (乐府, yuèfǔ) folksong in the South Dynasty.

    乐府 – Chinese poems composed in a folksong style. The term literally means "Music (乐) Bureau (府)", a reference to the government organisation originally charged with collecting or writing the lyrics.

[149] (采莲)南塘秋 – (cǎilián) Nántáng qiū – (pick lotus seeds) at Nantang town in autumn

[150] 弄 – nòng – to have fun by touching (the lotus)

[151] 莲子 – liánzi – lotus seed. 莲子 is homonymic with 怜 (loving) 子 (you). In ancient Chinese love poems, this technique is occasionally used to express the affection implicitly.

[152] 清 – qīng – clear; limpid

今晚若有采莲人，这儿的莲花也算得"过人头"了；只不见一些流水的影子，是不行的。这令我到底惦[153]着江南[154]了。

这样想着，猛[155]一抬头[156]，不觉已是自己的门前；轻轻地推门进去，什么声息[157]也没有，妻已睡熟[158]好久了。

一九二七年七月，北京清华园。

<hr>

[153] 惦 – diàn – to think of; to remember; to miss; to keep...in mind
[154] 江南 – Jiāngnán – south of the River—a region in the lower Changjiang (Yangtze) valley, including southern Jiangsu and Anhui and northern Zhejiang; Zhu Ziqing is referring to the massacre of a large number of communists by the Kuomingtang in Shanghai on April 12, 1927, known as 四一二惨案.
[155] 猛 – měng – suddenly
[156] 抬头 – tái – raise (抬) one's head (头)
[157] 声息 – shēngxī – sound
[158] 睡熟 – shuìshú – sleeping soundly; sleeping peacefully

Hūrán xiǎngqǐ rìrì zǒuguò de hé táng, zài zhè mǎn yuè de guāng li, zǒng gāi lìng yǒu yīfān yàngzi ba. Yuèliàng jiànjiàn de shēnggāo le, qiángwài mǎlù shàng háizimen de huānxiào, yǐjīng tīngbùjiàn le; qī zài wūli pāizhe rùn'ér, mímí-húhú de hēngzhe miángē. Wǒ qiāoqiāo de pīle dàshān, dàishàng mén chūqù.

Yánzhe hé táng, shì yī tiáo qūzhé de xiǎo méixiè lù. Zhè shì yī tiáo yōupì de lù; báitiān yě shǎo rén zǒu, yèwǎn gèngjiā jìmò. Hé táng sìmiàn, zhǎngzhe xǔduō shù, wěngwěng-yùyù de. Lù de yī páng, shì xiē yángliǔ, hé yīxiē bù zhīdao míngzi de shù. Méiyǒu yuèguāng de wǎnshàng, zhè lùshàng yīnsēnsēn de, yǒuxiē pàrén. Jīn wǎn què hěn hǎo, suīrán yuèguāng yě háishì dàndàn de.

Lùshàng zhǐ wǒ yī gè rén, bèizhe shǒu duózhe. Zhè yī piàn tiāndì hǎoxiàng shì wǒ de; wǒ yě xiàng chāochū le píngcháng de zìjǐ, dàole lìng yī gè shìjiè li. Wǒ ài rènào, yě ài lěngjìng; ài qúnjū, yě ài dúchǔ. Xiàng jīn wǎnshàng, yī gè rén zài zhè cāngmáng de yuèxià, shénme dōu kěyǐ xiǎng, shénme dōu kěyǐ bù xiǎng, biàn jué shì gè zìyóu de rén. Báitiān li yīdìng yào zuò de shì, yīdìng yào shuō de huà, xiànzài dōu kěyǐ bù lǐ. Zhè shì dúchǔ de miàochù, wǒ qiě shòuyòng zhè wúbiān de hé xiāng yuèsè hǎo le.

Qūqūzhézhé de hé táng shàngmiàn, míwàng de shì tiántián de yèzi. Yèzi chūshuǐ hěn gāo, xiàng tíngtíng de wǔnǚ de qún. Céngcéng de yèzi zhōngjiān, língxīng de diǎnzhuìzhe xiē bái huā, yǒu niǎonuó de kāizhe de, yǒu xiūsè de dǎzhe duǒr de; zhèngrú yī lìlì de míngzhū, yòu rú bìtiān li de xīngxing, yòu rú gāng chūyù de měirén. Wēifēng guòchù, sònglái lǚlǚ qīngxiāng, fǎngfú yuǎnchù gāolóu shàng miǎománg de gēshēng shìde. Zhè shíhou yèzi yǔ huā yě yǒu yīsī de chàndòng, xiàng shǎndiàn bān, shàshí chuánguò hé táng de nàbiān qù le. Yèzi běn shì jiān bìng jiān mìmì de āizhe, zhè biàn wǎnrán yǒule yī dào níngbì de bōhén. Yèzi dǐxià shì mòmò de liúshuǐ, zhēzhù le, bù néng jiàn yīxiē yánsè; ér yèzi què gèngjiàn fēngzhì le.

Yuèguāng rú liúshuǐ yībān, jìngjìng de xièzài zhè yī piàn yèzi hé huā shàng. Báobáo de qīngwù fúqǐ zài hé táng li. Yèzi hé huā fǎngfú zài niúrǔ zhōng xǐguò yīyàng; yòu xiàng lǒngzhe qīngshā de mèng. Suīrán shì mǎnyuè, tiānshàng què yǒu yī céng dàndàn de yún, suǒyǐ bù néng lǎngzhào; dàn wǒ yǐwéi zhè qià shì dàole hǎochù — — hānmián gù bù kě shǎo, xiǎoshuì yě biéyǒu fēngwèi de. Yuèguāng shì gélē shù zhào guòlái de, gāochù cóngshēng de guànmù, luòxià cēncī de bānbó de hēi yǐng, qiàoléngléng rú guǐ yībān; wānwān de yángliǔ de xīshū de qiànyǐng, què yòu xiàng shì huàzài hé yè shàng. Táng zhōng de yuèsè bìng bù jūnyún; dàn guāng yǔ yǐng yǒuzhe héxié de xuánlǜ, rú fàn'ēlíng shàng zòuzhe de míngqǔ.

Hé táng de sìmiàn, yuǎnyuǎn-jìnjìn, gāogāo-dīdī dōushì shù, ér yángliǔ zuì duō. Zhè xiē shù jiāng yī piàn hé táng chóngchóng wéizhù; zhǐ zài xiǎolù yī páng, lòuzhe jǐ duàn kòngxì, xiàng shì tè wèi yuèguāng liúxià de. Shù sè yīlì shì yīnyīnde, zhàkàn xiàng yī tuán yānwù; dàn yángliǔ de fēngzī, biàn zài yānwù li yě biàndechū. Shùshāo shàng yǐnyǐn-yuēyuē de shì yī dài yuǎn shān, zhǐ yǒuxiē dàyì bàle. Shù fèng li yě lòuzhe yī-liǎng diǎn lùdēng guāng, méijīng-dǎcǎi de, shì kěshuì rén de yǎn. Zhè shíhou zuì rènào de, yào shǔ shùshàng de chán shēng yǔ shuǐli de wā shēng; dàn rènào shì tāmen de, wǒ shénme yě méiyǒu.

Hūrán xiǎngqǐ cǎilián de shìqíng lái le. Cǎilián shì Jiāngnán de jiùsú, sìhū hěn zǎo jiù yǒu, ér Liùcháo shí wéi shèng; cóng shīgē li kěyǐ yuēlüè zhīdao. Cǎilián de shì shàonián de nǚzǐ, tāmen shì dàngzhe xiǎochuán, chàngzhe yàngē qù de. Cǎilián rén bùyòng shuō hěn duō, háiyǒu kàn cǎilián de rén. Nà shì yī gè rènào de jìjié, yě shì yī gè fēngliú de jìjié. Liángyuándì 《Cǎilián Fù》 li shuōde hǎo:

> Yúshì yāo tóng yuán nǚ, dàng zhōu xīn xǔ; yì shǒu xú huí, jiān chuán yǔ bēi; zhào jiāng yí ér zǎo guà? Chuán yù dòng ér píng kāi. Ěr qí xiān yāo shù sù, qiān yán gù bù; xià shǐ chūn yú, yè nèn huā chū, kǒng zhān cháng ér qiǎn xiào, wèi qīng chuán ér liǎn jū.

Kějiàn dāngshí xīyóu de guāngjǐng le. Zhè zhēnshì yǒuqù de shì, kěxī wǒmen xiànzài zǎoyǐ wúfú-xiāoshòu le. Yúshì yòu jìqǐ 《Xī Zhōu Qǔ》 li de jùzki:

> Cǎilián Nántáng qiū, liánhuā guò réntóu; dītóu nòng liánzi, liánzi qīng rú shuǐ.

Jīn wǎn ruò yǒu cǎilián rén, zhèr de liánhuā yě suàndé "guò réntóu" le; zhǐ bù jiàn yīxiē liúshuǐ de yǐngzi, shì bùxíng de. Zhè lìng wǒ dàodǐ diànzhe Jiāngnán le.

Zhèyàng xiǎngzhe, měng yī táitóu, bù jué yǐ shì zìjǐ de ménqián; qīngqīng de tuī mén jìnqù, shénme shēngxī yě méiyǒu, qī yǐ shuìshú hǎo jiǔ le.

Yī jiǔ èr qī nián qī yuè, Běijīng Qīnghuáyuán.

Thinking of Mr. Wei Woqing

《怀魏握青君》

《Huái Wèi Wòqīng Jūn》

This essay was written on May 25th, 1928. Zhu Ziqing discusses his friendship with Mr. Wei Woqing. His friend had left Mainland China to pursue studies abroad in the US. Zhu Ziqing writes fondly of their friendship while reminiscing on the good times they had together. Compare this essay to Hu Shi's essay, *In Memory of Zhimo*. Both are essays written describing good friends and will lend insight to each author's personal writing style.

　　两年前差不多也是这些日子吧，我邀⁴了几个熟⁵朋友，在雪香斋⁶给握青送行⁷。雪香斋以绍酒⁸著名⁹。这几个人多半是浙江¹⁰人，握青也是的，而又有一两个是酒徒¹¹，所以便拣¹²了这地方。说到酒，莲花白¹³太腻¹⁴，白干¹⁵太烈¹⁶；一是北方的佳人¹⁷，一是关西¹⁸的大汉¹⁹，都不宜于²⁰浅斟低酌²¹。只有黄酒²²，如²³温旧书²⁴，如对故友²⁵，真是醰醰有味²⁶。

---

¹ 怀 — huái — think of; keep…in mind
² 魏握青 — Wèi Wòqīng — Wei Woqing, a friend of the author
³ 君 — jūn — used at the end of a name of a gentleman in ancient Chinese
⁴ 邀 — yāo — invite
⁵ 熟 — shú — familiar; close (friends)
⁶ 雪香斋 — Xuěxiāngzhāi — the restaurant's name
⁷ 送行 — sòngxíng — give a send-off party
⁸ 绍酒 — Shàojiǔ — Shaoxing wine; a kind of wine made in 绍兴 (Shàoxīng)
⁹ 以…著名 — yǐ…zhùmíng — to be famous for; to be well-known for
¹⁰ 浙江 — Zhèjiāng — Zhejiang Province of China
¹¹ 酒徒 — jiǔtú — alcoholic; liquor head
¹² 拣 — jiǎn — to select; to choose; to pick
¹³ 莲花白 — Liánhuābái — White Lotus, a famous brand of Chinese liquor and specialty of Běijīng
¹⁴ 腻 — nì — (of wine) intense; cloying
¹⁵ 白干 — Báigān — a type of wine; the wine's name; a colorless, strongly distilled alcoholic drink; also called 白酒 and 白干儿.
¹⁶ 烈 — liè — strong; intense
¹⁷ 佳人 — jiārén — beautiful woman
¹⁸ 关西 — guānxī — the west of 函谷关 (Hánggǔguān, Hangu Pass)
¹⁹ 大汉 — dàhàn — burly fellow; strong man
²⁰ 宜于 — yí yú — to be suitable for; to be fit for
²¹ 浅斟低酌 — qiǎn zhēn dī zhuó — to pour wine and enjoy it slowly together
　　　斟酌 — pour
　　　浅, 低 — slowly, little by little
²² 黄酒 — Huángjiǔ — wine name, an alcoholic beverage made from rice. Also 米酒 (Mǐjiǔ, rice-wine)
²³ 如 — rú — like; as if
²⁴ 温旧书 — wēn jiùshū — to review (温) old (旧) books (书)

只可惜雪香斋的酒还上了色[27]；若是"竹叶青[28]"，那就更妙[29]了。握青是到美国留学去，要住上三年；这么远的路，这么多的日子，大家确有些惜别[30]，所以那晚酒都喝得不少。出门分手，握青又要我去中天[31]看电影。我坐下直[32]觉头晕。握青说电影如何如何，我只糊糊涂涂[33]听着；几回想张眼[34]看，却什么也看不出。终于支持不住，出其不意[35]，哇[36]地吐出来了。观众[37]都吃一惊[38]，附近的人全堵[39]上了鼻子；这真有些惶恐[40]。握青扶[41]我回到旅馆，他也吐了。但我们心里都觉得这一晚很痛快[42]。我想握青该还记得那种狼狈[43]的光景吧？

我与握青相识，是在东南大学[44]。那时正是暑假，中华教育[45]改进社[46]借[47]那儿开会。我与方光焘[48]君去旁听，偶然遇[49]着握青；方君是

---

[25] 对故友 – duì gùyǒu – to face (对) old (故) friends (友)

[26] 醰醰有味 – tántán yǒuwèi – (of wine) rich-flavored and tasty

[27] 上色 – shàngsè – to add (上) color (色); to add some additives (such as pigments to make food or drink look better)

[28] 竹叶青 – Zhúyèqīng – Zhuyeqing liquor (literally means "bamboo leaf green"); a sweetened liquor made from 汾酒 (Fén jiǔ) that is flavored with bamboo leaves and up to a dozen Chinese medicinal herbs, produced in the Shanxi province of China

[29] 妙 – miào – wonderful; marvellous

[30] 惜别 – xībié – to be reluctant to say goodbye

[31] 中天 – Zhōngtiān – the name of the place

[32] 直 – zhí – just; simply

[33] 糊糊涂涂 – húhú-tútú – (成语) muddy; bewildered

[34] 张眼 – zhāngyǎn – to open one's eyes

[35] 出其不意 – chūqíbùyì – do something when people are off guard

[36] 哇 – wā – sound of vomiting

[37] 观众 – guānzhòng – audience

[38] 吃一惊 – chīyījīng – amazed; astonished; surprised

[39] 堵 – dǔ – to cover; to bury…in one hands

[40] 惶恐 – huángkǒng – terrified

[41] 扶 – fú – to support with the hand; to place a hand on something for support

[42] 痛快 – tòngkuài – to one's heart's content

[43] 狼狈 – lángbèi – embarrassed; in a difficult situation

[44] 东南大学 – Dōngnán Dàxué – Southeast China University

[45] 中华教育 – Zhōnghuá Jiàoyù – China Education

他的同乡[50]，一向[51]认识，便给我们介绍了。那时我只知道他很活动[52]，会交际[53]而已[54]。匆匆[55]一面，便未[56]再见。三年前，我北来[57]作教，恰好[58]与他同事。我初到[59]，许多事都不知怎样做好；他给了我许多帮助。我们同住在一个院子里，吃饭也在一处[60]。因此[61]常和他谈论。我渐渐知道他不只是很活动，会交际；他有他的真心，他有他的锐眼[62]，他也有他的傻样子[63]。许多朋友都以为他是个傻小子，大家都叫他老魏[64]，连听差背地里[65]也是这样叫他；这个太亲昵[66]的称呼，只有他有。

但他决不[67]如[68]我们所想的那么"傻"，他是个玩世不恭[69]的人——至少我在北京见着他是如此。那时他已[70]一度受过人生的戒[71]，从前

---

[46] 改进社 – Gǎijìn Shè – Improvement Community

[47] 借 – jiè – to rent for use; to borrow

[48] 方光焘 – Fāng Guāngtāo – (1898~1964) a linguist, writer, translator familiar with English, French and Japanese

[49] 遇 – yù – to meet with; to encounter

[50] 同乡 – tóngxiāng – a person from the same village, town or province

[51] 一向 – yīxiàng – earlier on; lately

[52] 活动 – huódòng – socially active

[53] 交际 – jiāojì – social intercourse

[54] 而已 – éryǐ – that is all; used at the end of a declarative sentence

[55] 匆匆 – cōngcōng – hasty; hurriedly

[56] 未 – wèi – not; not yet; never

[57] 北来 – běi lái – come to Beijing (to become a teacher). The author, Mr. Zhu Ziqing, became dean of Beijing University in 1932.

[58] 恰好 – qiàhǎo – just right

[59] 初到 – chū dào – newcomer; beginner; new hand

[60] 处 – chù – place

[61] 因此 – yīncǐ – therefore; for this reason; consequently

[62] 锐眼 – ruìyǎn – sharp-eyed

[63] 傻样子 – shǎ yàngzi – silly (傻) appearance (样子)

[64] 老魏 – Lǎo Wèi – Old Wei

老 – a prefix used before the surname of a person or a numeral indicating an affection or familiarity between friends or brothers and sisters

[65] 背地里 – bèidìli – privately

[66] 亲昵 – qīnnì – intimate; honeyed

[67] 决不 – juébù – never; in no case; by no means; in no way

所有多或少的严肃[72]气分[73]，暂时都隐藏[74]起来了；剩下[75]的只是那冷然[76]的玩弄[77]一切的态度。我们知道这种剑锋般[78]的态度，若[79]赤裸裸[80]地露出[81]，便是自己矛盾[82]，所以总得用了什么法子盖藏[83]着。他用的是一副[84]傻子的面具[85]。我有时要揭开[86]他这副面具，他便说我是《语丝》[87]派[88]。但他知道我，并不比我知道他少。他能由[89]我一个短语[90]，知道全篇[91]的故事[92]。他对于[93]别人，也能知道；但只默喻[94]着，不大肯说出。他的玩世[95]，在有些事情上，也许太随便些。但以或种意义说[96]，他要复仇[97]；

---

[68] 如 – rú – like
[69] 玩世不恭 – wánshì-bùgōng – (成语) be cynical; live in defiance of conventions
[70] 已 – yǐ – already
[71] 戒 – jiè – commandment; Buddhist monastic discipline
[72] 严肃 – yánsù – serious
[73] 气分 – qìfēn – atmosphere
[74] 隐藏 – yǐncáng – to remain under to cover; to hide; to conceal
[75] 剩下 – shèngxià – to be left over; to remain
[76] 冷然 – lěngrán – cold; indifferent
[77] 玩弄 – wánnòng – to fool with; to play with; to toy with
[78] 剑锋般 – jiànfēng bān – like (般) the edge (锋) of a sword (剑)
[79] 若 – ruò – if
[80] 赤裸裸地 – chìluǒluǒ – stark naked; undisguised
[81] 露出 – lùchū – emerge; bare; uncover
[82] 矛盾 – máodùn – contradictary
[83] 盖藏 – gài cáng – cover to hide
[84] 副 – fù – a pair of; a set of; quantifier to denote a set of something
[85] 面具 – miànjù – mask
[86] 揭开 – jiēkāi – to reveal; to unveil; to uncover; to disclose
[87] 语丝 – Yǔ Sī – a famous weekly publication launched by 鲁迅 (Lǔ Xùn) in 1924
[88] 派 – pài – school of thought
[89] 由 – yóu – pass through; by way of
[90] 短语 – duǎnyǔ – phrase
[91] 篇 – piān – piece of writing; quantifier used to denote articles
[92] 故事 – gùshì – story
[93] 对于 – duìyú – in regard to; as to; for
[94] 默喻 – mòyù – to implicitly convey (some meaning); imply
[95] 玩世 – wán shì – to take a playful attitude towards life
[96] 以或种意义说 – yǐ huòzhǒng yìyì shuō – in a sense
[97] 复仇 – fùchóu – revenge; avenge

人总是人，又有什么办法呢？至少我是原谅[98]他的。以上[99]其实也只说得他的一面；他有时也能为人尽心竭力[100]。他曾[101]为我决定一件极[102]为难的事。我们沿着[103]墙根[104]，走了不知多少趟[105]；他源源本本[106]，条分缕析[107]地将形势[108]剖解[109]给我听。你想，这岂[110]是傻子所能做的？幸亏有这一面，他还能高高兴兴过日子；不然[111]，没有笑，没有泪，只有冷脸，只有"鬼脸[112]"，岂不郁郁[113]地闷煞人[114]！

我最不能忘的，是他动身[115]前不多时的一个月夜。电灯灭后[116]，月光照了满院，柏树森森[117]地竦立[118]着。屋内人都睡了；我们站在月光里，柏树旁，看着自己的影子。他轻轻地诉说[119]他生平冒险[120]的故事。

---

[98] 原谅 – yuánliàng – to excuse; to forgive; to pardon

[99] 以上 – yǐshàng – above-mentioned

[100] 尽心竭力 – jìnxīn-jiélì – (成语) to do everything in one's power; to do one's best

[101] 曾 – céng – before; ever; once

[102] 极 – jí – extremely; very

[103] 沿着 – yánzhe – along

[104] 墙根 – qiáng gēn – the foot of a wall

[105] 趟 – tàng – times (of visiting a place)

[106] 源源本本 – yuányuán-běnběn – (成语) from beginning to end

[107] 条分缕析 – tiáofēn-lǚxī – (成语) make a careful and detailed analysis; arrange and speak of points in order

[108] 形势 – xíngshì – the situation; the status of affairs; the trend of events; things

[109] 剖解 – pōujiě – to analyse; to dissect

[110] 岂 – qǐ – how can it be that; auxiliary word used in a rhetorical question to denote retortion

[111] 不然 – bùrán – of else; if not; otherwise

[112] 鬼脸 – guǐliǎn – wry face; grimace

[113] 郁郁 – yùyù – depressing

[114] 闷煞人 – mènshà rén – to depress (闷) someone (人) greatly (煞)

[115] 动身 – dòngshēn – go on a journey

[116] 电灯灭后 – diàndēng miè hòu – after (后) the lights (电灯) turn off (灭)

[117] 柏树森森 – bǎishù sēnsēn – dense cypresses

[118] 竦立 – sǒnglì – to tower

[119] 诉说 – sùshuō – to tell; to pour out

[120] 冒险 – màoxiǎn – adventure; hazard; risk; venture

说一会，静默[121]一会。这是一个幽奇[122]的境界[123]。他叙述[124]时，脸上隐约[125]浮[126]着微笑[127]，就是他心地[128]平静[129]时常浮在他脸上的微笑；一面偏着头[130]，老像[131]发问[132]似的。这种月光，这种院子，这种柏树，这种谈话，都很可珍贵[133]；就由握青自己再来一次，怕也不一样的。

他走之前，很愿我做些文字送他；但又用玩世的态度说，"怕不肯吧？我晓得[134]，你不肯的。"我说，"一定做，而且一定写成一幅[135]横披[136]——只是字不行些。"但是我惭愧[137]我的懒，那"一定"早已几乎变成"不肯"了！而且他来了两封[138]信，我竟未覆只字[139]。这叫我

---

[121] 静默 － jìngmò － to stay silent

[122] 幽奇 － yōuqí － secluded and odd

[123] 境界 － jìngjiè － realm; state of mind

[124] 叙述 － xùshù － to narrate; to recount; to relate

[125] 隐约 － yǐnyuē － ambiguously; vaguely; faintly

[126] 浮 － fú － to appear; to occur; to emerge

[127] 微笑 － wēixiào － smile

[128] 心地 － xīndì － mood

[129] 平静 － píngjìng － calm; quiet; tranquil; still; smooth; peaceful

[130] 偏着头 － piānzhe tóu － to tilt one's head

[131] 老像 － lǎo xiàng － to seem; to be like

[132] 发问 － fāwèn － to ask a question

[133] 珍贵 － zhēnguì － valuable; precious

[134] 晓得 － xiǎode － to know; to understand

[135] 幅 － fú － piece, quantifier used to quantify pictures, paintings, prints, etc

[136] 横披 － héngpī － horizontal scroll bearing an inscription in Chinese also known as 对联 (duìlián, couplets) or 横批 (héngpī)

　　对联 － Chinese couplets or "contrapuntal couplets", a pair of lines of poetry which adhere to certain strict rules in tone, meaning and grammar. It may be seen on doorways in Chinese communities worldwide. The text of the couplets is often traditional and contains hopes for prosperity.

[137] 惭愧 － cánkuì － to feel ashamed; to feel sorry

[138] 封 － fēng － quantifier to denote the number of letters, emails, etc

[139] 竟未覆只字 － jìng wèi fù zhǐ zì － even (竟) didn't (未) reply (覆) one single (只) word (字)

怎样说好呢？我实在有种坏脾气[140]，觉得路太遥远[141]，竟有些渺茫[142]一般，什么便都因循[143]下来了。好在他的成绩[144]很好，我是知道的；只此[145]就很够了。别的，反正[146]他明年就回来，我们再好好地谈几次，这是要紧的。——我想，握青也许不那么玩世了吧。

1 9 2 8 年 5 月 2 5 日夜。

—

---

[140] 坏脾气 – huài píqì – bad temper
[141] 遥远 – yáoyuǎn – far; distant; remote; faraway
[142] 渺茫 – miǎománg – distant; indistinct; remote; vague
[143] 因循 – yīnxún – to follow; to continue in the same old rut
[144] 成绩 – chéngjì – results; grades; performance records
[145] 只此 – zhǐcǐ – thus much
[146] 反正 – fǎnzhèng – anyhow; anyway

Liǎng nián qián chàbuduō yě shì zhèxiē rìzi ba, wǒ yāole jǐ gè shú péngyou, zài Xuěxiāngzhāi gěi Wòqīng sòngxíng. Xuěxiāngzhāi yǐ Shàojiǔ zhùmíng. Zhè jǐ gè rén duōbàn shì Zhèjiāng rén, Wòqīng yě shì de, ér yòu yǒu yī-liǎng gè shì jiǔtú, suǒyǐ biàn jiǎnle zhè dìfāng. Shuōdào jiǔ, Liánhuābái tài nì, Báigān tài liè; yīshì běifāng de jiārén, yīshì guānxī de dàhàn, dōu bù yí yú qiǎn zhēn dī zhuó. Zhǐyǒu Huángjiǔ, rú wēn jiùshū, rú duì gùyǒu, zhēnshì tántán yǒuwèi. Zhǐ kěxī Xuěxiāngzhāi de jiǔ hái shàngle sè; ruò shì "Zhúyèqīng", nà jiù gèng miào le. Wòqīng shì dào Měiguó liúxué qù, yào zhùshàng sān nián; zhème yuǎn de lù, zhème duō de rìzi, dàjiā què yǒuxiē xībié, suǒyǐ nà wǎn jiǔ dōu hēde bù shǎo. Chūmén fēnshǒu, Wòqīng yòu yào wǒ qù Zhōngtiān kàn diànyǐng. Wǒ zuòxià zhí jué tóuyūn. Wòqīng shuō diànyǐng rúhé rúhé, wǒ zhǐ húhú-tútú tīngzhe; jǐ huí xiǎng zhāngyǎn kàn, què shénme yě kànbùchū. Zhōngyú zhīchí bù zhù, chūqí-bùyì, wāde tù chūlái le. Guānzhòng dōu chīyījīng, fùjìn de rén quán dǔshàng le bízi; zhè zhēn yǒuxiē huángkǒng. Wòqīng fú wǒ huídào lǚguǎn, tā yě tù le. Dàn wǒmen xīnli dōu juéde zhè yī wǎn hěn tòngkuài. Wǒ xiǎng Wòqīng gāi hái jìde nàzhǒng lángbèi de guāngjǐng ba?

Wǒ yú Wòqīng xiāngshí, shì zài Dōngnán Dàxué. Nàshí zhèngshì shǔjià, Zhōnghuá Jiàoyù Gǎijin Shè jiè nàr kāihuì. Wǒ yú Fāng Guāngtāo jūn qù pángtīng, ǒurán yùzhe Wòqīng; Fāng jūn shì tā de tóngxiāng, yīxiàng rènshi, biàn gěi wǒmen jièshào le. Nàshí wǒ zhǐ zhīdao tā hěn huódòng, huì jiāojì éryǐ. Cōngcōng yī miàn, biàn wèi zài jiàn. Sān nián qián, wǒ běi lái zuòjiào, qiàhǎo yú tā tóngshì. Wǒ chū dào, xǔduō shì dōu bù zhī zěnyàng zuò hǎo; tā gěile wǒ xǔduō bāngzhù. Wǒmen tóngzhù zài yī gè yuànzi li, chīfàn yě zài yī chù. Yīncǐ cháng hé tā tánlùn. Wǒ jiànjiàn zhīdao tā bù zhǐshì hěn huódòng, huì jiāojì; tā yǒu tā de zhēnxīn, tā yǒu tā de ruìyǎn, tā yě yǒu tā de shǎ yàngzi. Xǔduō péngyou dōu yǐwéi tā shì gè shǎ xiǎozi, dàjiā dōu jiào tā Lǎo Wèi, lián tīngchāi bèidìli yěshì zhèyàng jiào tā; zhè gè tài qīnnì de chēnghū, zhǐyǒu tā yǒu.

Dàn tā juébù rú wǒmen suǒ xiǎng de nàme "shǎ", tā shì gè wánshì-bùgōng de rén —— zhìshǎo wǒ zài Běijīng jiànzhe tā shì rúcǐ. Nàshí tā yǐ yīdù shòuguò rénshēng de jiè, cóngqián suǒyǒu duō huò shǎo de yánsù qìfēn, zànshí dōu yǐncáng qǐlái le; shèngxià de zhǐshì nà lěngrán de wánnòng yīqiè de tàidù. Wǒmen zhīdao zhèzhǒng jiànfēng bān de tàidù, ruò chìluǒluǒ de lùchū, biàn shì zìjǐ máodùn, suǒyǐ zǒngděi yòngle shénme fǎzi gàicángzhe. Tā yòng de shì yī fù shǎzi de miànjù. Wǒ yǒushí yào jiēkāi tā zhè fù miànjù, tā biàn shuō wǒ shì 《Yǔ Sī》pài. Dàn tā zhīdao wǒ, bìng bù bǐ wǒ zhīdao tā shǎo. Tā néng yóu wǒ yī gè duǎnyǔ, zhīdao quán piān de gùshì. Tā duìyú biérén, yě néng zhīdao; dàn zhǐ mòyùzhe, bù dà kěn shuōchū. Tā de wánshì, zài yǒuxiē shìqing shàng, yěxǔ tài suíbiàn xiē. Dàn yǐ huòzhǒng yìyì shuō, tā yào fùchóu; rén zǒngshì rén, yòu yǒu shénme bànfǎ ne? Zhǐshǎo wǒ shì yuánliàng tā de. Yǐshàng qíshí yě zhǐ shuō de tā de yīmiàn; tā yǒushí yě néng wèi rén jìnxīn-jiélì. Tā céng wèi wǒ juédìng yī jiàn jí wéinán de shì. Wǒmen yánzhe qiáng gēn, zǒule bù zhī duōshǎo tàng; tā yuányuán-běnběn, tiáofēn-lǚxī de jiāng xíngshì pōujiě gěi wǒ tīng. Nǐ xiǎng, zhè qǐ shì shǎzi suǒ néng zuò de? Xìngkuī yǒu zhè yīmiàn, tā hái néng gāogāo-xìngxìng guò rìzi; bùrán, méiyǒu xiào, méiyǒu lèi, zhǐyǒu lěngliǎn, zhǐyǒu "guǐliǎn", qǐ bù yùyù de mènshà rén!

Wǒ zuì bù néng wàng de, shì tā dòngshēn qián bù duō shí de yī gè yuè yè. Diàndēng miè hòu, yuèguāng zhàole mǎn yuàn, bǎishù sēnsēn de sōnglìzhe. Wūnèi rén dōu shuìle; wǒmen zhànzài yuèguāng li, bǎishù páng, kànzhe zìjǐ de yǐngzi. Tā qīngqīng de sùshuō tā shēngpíng màoxiǎn de gùshi. Shuō yīhuì, jìngmò yīhuì. Zhè shì yī gè yōuqí de jìngjiè. Tā xùshù shí, liǎnshàng yǐnyuē fúzhe wēixiào, jiùshì tā xīndì píngjìng shí cháng fúzài tā liǎnshàng de wēixiào; yīmiàn piānzhe tóu, lǎo xiàng fāwèn shìde. Zhèzhǒng yuèguāng, zhèzhǒng yuànzi, zhè hǒng bǎishù, zhèzhǒng tánhuà, dōu hěn kě zhēnguì; jiù yóu Wòqīng zìjǐ zài lái yī cì, pà yě bù yīyàng de.

Tā zǒu zhīqián, hěn yuàn wǒ zuò xiē wénzì sòng tā; dàn yòu yòng wánshì de tàidù shuō, "Pà bù kěn ba? Wǒ xiǎode, nǐ bù kěn de." Wǒ shuō, "Yīdìng zuò, érqiě yīdìng xiěchéng yī fú héngpī —— zhǐshì zì bùxíng xiē." Dànshì wǒ cánkuì wǒ de lǎn, nà "yīdìng" zǎoyǐ jǐhū biànchéng "bù kěn" le! Érqiě tā láile liǎng fēng xìn, wǒ jìng wèi fù zhǐ zì. Zhè jiào wǒ zěnyàng shuō hǎo ne? Wǒ shízài yǒuzhǒng huài píqì, juéde lù tài yáoyuǎn, jìng yǒuxiē miǎománg yībān, shénme biàn dōu yīnxún xiàlái le. Hǎozài tā de chéngjì hěn hǎo, wǒ shì zhīdao de; zhīcǐ jiù hěn gòu le. Biéde, fǎnzhèng tā míngnián jiù huílai, wǒmen zài hǎohǎo de tán jǐ cì, zhè shì yàojǐn de. —— Wǒ xiǎng, Wòqīng yěxǔ bù nàme wánshì le ba.

Yī jiǔ èr bā nián wǔ yuè èrshíwǔ rì yè.

Spring

《春》

《Chūn》 一


*Spring* was first published in Volume I of *Junior High Language Reader* (《初中语文读本》) in July 1933. The poem is one of Zhu Ziqing's most famous works and is an eloquent description of the beauty of springtime. *Spring* can be found in primary and secondary school textbooks in Mainland China when children are required to memorize this poem.

《春》

　　盼望[1]着，盼望着，东风[2]来了，春天的脚步近了。一切都像刚睡醒[3]的样子，欣欣然[4]张开了眼。山朗润[5]起来了，水长起来了，太阳的脸红起来了。

　　小草偷偷[6]地从土里钻出[7]来，嫩嫩[8]的，绿绿的。园子里，田野[9]里，瞧[10]去，一大片一大片满是的。坐着，躺[11]着，打两个滚[12]，踢[13]几脚球，赛[14]几趟跑[15]，捉几回迷藏[16]。风轻悄悄[17]的，草[18]绵软软[19]的。

　　桃树[20]、杏树[21]、梨树[22]，你不让我，我不让你，都开满了花赶趟儿[23]。红的像火，粉[24]的像霞[25]，白的像雪。花里带着甜味，闭了眼，树

---

[1] 盼望 – pànwàng – to expect; to hope for; to long for; to look forward to; to wish for; to yearn for
[2] 东风 – dōngfēng – easterly (东) wind (风); spring breeze
[3] 睡醒 – shuìxǐng – to wake up
[4] 欣欣然 – xīnxīnrán – joyfully; gladly; readily; with pleasure
[5] 朗润 – lǎngrùn – clear and moist; bright and sleek
[6] 偷偷 – tōutōu – stealthily; secretly; quietly
[7] 钻出 – zuān chū – (of plants) to grow out of (the soil); sprout
[8] 嫩嫩 – nènnèn – (of plants) tender; light in color suggesting new leaves or shoots
[9] 田野 – tiányě – open country; field; cultivated lands
[10] 瞧 – qiáo – to glance at; to look at
[11] 躺 – tǎng – to lie down; to recline
[12] 打滚 – dǎgǔn – roll about; toss about
[13] 踢 – tī – to kick; to play
[14] 赛 – sài – to match; to contest; to race
[15] 跑 – pǎo – to run; 赛跑: to run a race; to race
[16] 捉迷藏 – zhuōmícáng – to play hide-and-seek; blindman's buff
[17] 轻悄悄 – qīngqiāoqiāo – gently
[18] 草 – cǎo – grass
[19] 绵软软 – miánruǎnruǎn – soft and tender

上仿佛已经满是桃儿²⁶、杏儿²⁷、梨儿²⁸！花下成千成百²⁹的蜜蜂³⁰嗡嗡³¹地闹³²着，大小的蝴蝶³³飞来飞去。野花遍地³⁴是：杂样儿³⁵，有名字的，没名字的，散³⁶在草丛³⁷里，像眼睛，像星星，还眨呀³⁸眨³⁹的。

"吹面不寒杨柳风⁴⁰"，不错的，像母亲的手抚摸⁴¹着你。风里带来些新翻⁴²的泥土⁴³的气息⁴⁴，混⁴⁵着青草味，还有各种花的香，都在

---

²⁰ 桃树 – táoshù – peach tree
²¹ 杏树 – xìngshù – apricot tree
²² 梨树 – líshù – pear tree
²³ 赶趟儿 – gǎn tàngr – to be in time for
²⁴ 粉 – fěn – pink
²⁵ 霞 – xiá – rosy clouds
²⁶ 桃儿 – táor – peach
²⁷ 杏儿 – xìngr – apricot
²⁸ 梨儿 – lír – pear
²⁹ 成千成百 – chéngqiān-chéngbǎi – hundreds (百) and thousands (千) of
³⁰ 蜜蜂 – mìfēng – bee
³¹ 嗡嗡 – wēngwēng – (the sound of bees) buzzing
³² 闹 – nào – boisterous; lively; have a joy time
³³ 蝴蝶 – húdié – butterfly
³⁴ 遍地 – biàndì – all over; everywhere
³⁵ 杂样儿 – záyàngr – all different kinds; various; in great variety
³⁶ 散 – sàn – scattered; fragmentary; odd
³⁷ 草丛 – cǎocóng – thick growth of grass
³⁸ 呀 – a functional word with no actual meaning and one that cannot be used independently. In this instance, it serves as a connection between two verbs, "blink"(眨), repeated twice to express a dynamic and continuous action. Other examples:

　　跑呀跑 – keep running: 小兔子跑呀跑，终于逃掉了猎人的追捕。
　　跳呀跳 – keep jumping: 小青蛙跳呀跳，就这样一天天长大了。

³⁹ 眨 – zhǎ – to blink; to wink
⁴⁰ 吹面不寒杨柳风 – chuī miàn bù hán yángliǔ fēng – is quoted from a poem written by 僧志南 (Sēng Zhìnán), meaning: the warm (不寒) wind (风) is caressing (吹) the willows (杨柳) and my face (面).

　　杨柳风 – yángliǔ fēng – the wind in the willow
⁴¹ 抚摸 – fǔmō – to stroke; to fondle; to caress
⁴² 新翻 – xīnfān – fresh; new
⁴³ 泥土 – nítǔ – earth; soil; clay
⁴⁴ 气息 – qìxī – odor; smell

微微<sup>46</sup>润湿<sup>47</sup>的空气里酝酿<sup>48</sup>。鸟儿将窠巢<sup>49</sup>安在繁花嫩叶<sup>50</sup>当中，高兴起来了，呼朋引伴<sup>51</sup>地卖弄<sup>52</sup>清脆<sup>53</sup>的喉咙<sup>54</sup>，唱出宛转<sup>55</sup>的曲子<sup>56</sup>，与轻风流水应和<sup>57</sup>着。牛背上牧童<sup>58</sup>的短笛<sup>59</sup>，这时候也成天在嘹亮<sup>60</sup>地响。

雨是最寻常的，一下就是三两天。可别恼<sup>61</sup>，看，像牛毛，像花针<sup>62</sup>，像细丝<sup>63</sup>，密密<sup>64</sup>地斜织<sup>65</sup>着，人家屋顶<sup>66</sup>上全笼着一层薄烟<sup>67</sup>。树叶子却绿得发亮，小草也青得逼<sup>68</sup>你的眼。傍晚<sup>69</sup>时候，上灯<sup>70</sup>了，一点点黄晕<sup>71</sup>的光，烘托<sup>72</sup>出一片安静而和平的夜。乡下去，小路上，石桥

---

<sup>45</sup> 混 – hùn – to mix; to blend
<sup>46</sup> 微微 – wēiwēi – slightly; a little
<sup>47</sup> 润湿 – rùnshī – wet; moist
<sup>48</sup> 酝酿 – yùnniàng – to brew; to slowly grow
<sup>49</sup> 窠巢 – kēcháo – nest
<sup>50</sup> 繁花嫩叶 – fánhuā nènyè – luxuriant (繁) flowers (花) and tender (嫩) leaves (叶)
<sup>51</sup> 呼朋引伴 – hūpéng-yǐnbàn – to call (呼) friends (朋) and attract (引) pals (伴)
<sup>52</sup> 卖弄 – màinòng – to show off
<sup>53</sup> 清脆 – qīngcuì – (of one's voice) clear and melodious
<sup>54</sup> 喉咙 – hóulóng – throat
<sup>55</sup> 宛转 – wǎnzhuǎn – refers to 婉转 – melodious
<sup>56</sup> 曲子 – qǔzi – tune; song; melody
<sup>57</sup> 应和 – yìnghè – to exchange of voices; to respond
<sup>58</sup> 牧童 – mùtóng – cowboy; shepherd boy
<sup>59</sup> 短笛 – duǎndí – piccolo, a half size flute
<sup>60</sup> 嘹亮 – liáoliàng – resonant; loud and clear
<sup>61</sup> 恼 – nǎo – anger; annoy
<sup>62</sup> 花针 – huāzhēn – floricome, a type of flower
<sup>63</sup> 细丝 – xìsī – slender (细) silk (丝)
<sup>64</sup> 密密 – mìmì – thick; close to each other
<sup>65</sup> 斜织 – xiézhī – irregularly woven; irregularly knitted together
<sup>66</sup> 屋顶 – wūdǐng – roof; housetop
<sup>67</sup> 薄烟 – báo yān – thin (薄) haze (烟)
<sup>68</sup> 逼 – bī – attractive (to your eyes); dazzling
<sup>69</sup> 傍晚 – bàngwǎn – evening; at dusk; at nightfall; toward evening
<sup>70</sup> 上灯 – shàngdēng – light the lamp; light up
<sup>71</sup> 黄晕 – huángyùn – faint; dim
<sup>72</sup> 烘托 – hōngtuō – to set off by contrast; to throw into sharp relief

边，撑<sup>73</sup>起伞<sup>74</sup>慢慢走着的人；还有地里工作的农夫，披着蓑<sup>75</sup>，戴着笠<sup>76</sup>的。他们的草屋，稀稀疏疏<sup>77</sup>的在雨里静默<sup>78</sup>着。

天上风筝<sup>79</sup>渐渐多了，地上孩子也多了。城里乡下<sup>80</sup>，家家户户<sup>81</sup>，老老小小，他们也赶趟儿<sup>82</sup>似的，一个个都出来了。舒活舒活<sup>83</sup>筋骨<sup>84</sup>，抖擞抖擞<sup>85</sup>精神，各做各的一份事去。"一年之计在于春<sup>86</sup>"；刚起头儿，有的是工夫，有的是希望。

春天像刚落地的娃娃<sup>87</sup>，从头到脚都是新的，它生长着。

春天像小姑娘，花枝招展<sup>88</sup>的，笑着，走着。

春天像健壮<sup>89</sup>的青年，有铁<sup>90</sup>一般的胳膊<sup>91</sup>和腰脚<sup>92</sup>，他领<sup>93</sup>着我们上前去。

---

<sup>73</sup> 撑 – chēng – prop up
<sup>74</sup> 伞 – sǎn – umbrella
<sup>75</sup> 披蓑 – pī suō – to wear (披) a raincoat made of straw (蓑)
<sup>76</sup> 戴笠 – dài lì – to wear (戴) bamboo or straw rainhats (笠)
<sup>77</sup> 稀稀疏疏 – xīxī-shūshū – scattered; sporadic
<sup>78</sup> 静默 – jìngmò – be silent; keep silence
<sup>79</sup> 风筝 – fēngzhēng – kite
<sup>80</sup> 城里乡下 – chéngli xiāngxià – in the town (城里) and in the country (乡下)
<sup>81</sup> 家家户户 – jiājiā-hùhù – houses; each and every family; each household
<sup>82</sup> 赶趟儿 – gǎntàngr – to be in time for; to be able to do in time
<sup>83</sup> 舒活 – shūhuó – to relax; to do some relaxing exercises
<sup>84</sup> 筋骨 – jīngǔ – bones (骨) and muscles (筋); physique
<sup>85</sup> 抖擞 – dǒusǒu – to enliven; to refresh (one's mood, mind and vigor)
<sup>86</sup> 一年之计在于春 – yī nián zhī jì zàiyú chūn – (成语) the whole year's (一年) plan (计) depends on (在于) spring (春); a year's plan starts with spring; spring is the time to plan for the whole year; 之 is an auxiliary word used between a modifier and a noun.
<sup>87</sup> 娃娃 – wáwa – baby; child
<sup>88</sup> 花枝招展 – huāzhī-zhāozhǎn – (成语) (of girls and women) gorgeously dressed like the fluttering (招展) branches (枝) with flowers (花)
<sup>89</sup> 健壮 – jiànzhuàng – (of men) robust; strong and vigorous

## 《Chūn》

Pànwàngzhe, pànwàngzhe, dōngfēng lái le, chūntiān de jiǎobù jìn le. Yīqiè dōu xiàng gāng shuìxǐng de yàngzi, xīnxīnrán zhāngkāi le yǎn. Shān lǎngrùn qǐlái le, shuǐ zhǎng qǐlái le, tàiyáng de liǎn hóng qǐlái le.

Xiǎocǎo tōutōu de cóng tǔli zuān chūlái, nènnèn de, lùlù de. Yuánzi li, tiányě li, qiáoqù, yī dàpiàn yī dàpiàn mǎn shì de. Zuòzhe, tǎngzhe, dǎ liǎng gè gǔn, tī jǐ jiǎo qiú, sài jǐ tàng pǎo, zhuō jǐ huí mícáng. Fēng qīngqiāoqiāo de, cǎo miánruǎnruǎn de.

Táoshù, xìngshù, líshù, nǐ bù ràng wǒ, wǒ bù ràng nǐ, dōu kāimǎn le huā gǎn tàngr. Hóngde xiàng huǒ, fěnde xiàng xiá, báide xiàng xuě. Huāli dàizhe tiánwèi, bìle yǎn, shùshàng fǎngfú yǐjīng mǎn shì táor, xìngr, lír! Huā xià chéngqiān-chéngbǎi de mìfēng wēngwēng de nàozhe, dà xiǎo de húdié fēilái-fēiqù. Yěhuā biàndì shì: Záyàngr, yǒu míngzi de, méi míngzi de, sànzài cǎocóng li, xiàng yǎnjīng, xiàng xīngxing, hái zhǎ ya zhǎ de.

"Chuī miàn bù hán yángliǔ fēng", bùcuò de, xiàng mǔqīn de shǒu fǔmōzhe nǐ. Fēngli dàilái xiē xīnfān de nítǔ de qìxī, hùnzhe qīngcǎo wèi, hái yǒu gèzhǒng huā de xiāng, dōu zài wēiwēi rùnshī de kōngqì li yùnniàng. Niǎor jiāng kēcháo ānzài fánhuā nènyè dāngzhōng, gāoxìng qǐlái le, hūpéng-yǐnbàn de màinòng qīngcuì de hóulóng, chàngchū wǎnzhuǎn de qǔzi, yǔ qīngfēng liúshuǐ yìnghèzhe. Niúbèi shàng mùtóng de duǎndí, zhè shíhou yě chéngtiān zài liáoliàng de xiǎng.

Yǔ shì zuì xúncháng de, yī xià jiùshì sān-liǎng tiān. Kě bié nǎo, kàn, xiàng niúmáo, xiàng huāzhēn, xiàng xìsī, mìmì de xiézhīzhe, rénjiā wūdǐng shàng quán lǒngzhe yī céng báo yān. Shùyèzi què lù de fāliàng, xiǎocǎo yě qīng de bī nǐ de yǎn. Bàngwǎn shíhou, shàngdēng le, yīdiǎndiǎn huángyùn de guāng, hōngtuō chū yīpiàn ānjìng ér hépíng de yè. Xiāngxià qù, xiǎolù shàng, shíqiáo biān, chēngqǐ sǎn mànmàn zǒuzhe de rén; háiyǒu dìli gōngzuò de nóngfū, pīzhe suō, dàizhe lì de. Tāmen de cǎowū, xīxī-shūshū de zài yǔli jìngmòzhe.

Tiānshàng fēngzhēng jiànjiàn duō le, dìshàng háizi yě duō le. Chéngli xiāngxià, jiājiā-hùhù, lǎolǎo-xiǎoxiǎo, tāmen yě gǎntàngr shìde, yī gègè dōu chūlái le. Shūhuó shūhuó jīngǔ, dǒusǒu dǒusǒu jīngshén, gè zuò gè de yī fèn shì qù. "Yī nián zhī jì zàiyú chūn"; gāng qǐtóur, yǒudeshì gōngfu, yǒudeshì xīwàng.

Chūntiān xiàng gāng luòdì de wáwa, cóngtóu-dàojiǎo dōushì xīn de, tā shēngzhǎngzhe.

Chūntiān xiàng xiǎo gūniang, huāzhī-zhāozhǎn de, xiàozhe, zǒuzhe.

---

[90] 铁 – tiě – (as firm as, as solid as) iron

[91] 胳膊 – gēbo – arm

[92] 腰脚 – yāo jiǎo – waist (腰) and foot (脚)

[93] 领 – lǐng – to lead; to guide

Chūn tiān xiàng jiànzhuàng de qīngnián, yǒu tiě yībān de gēbo hé yāo jiǎo, tā lǐngzhe wǒmen shàngqián qù.

春

周作人

# Introduction to Zhou Zuoren

Zhou Zuoren, 周作人, was born on January 16, 1885 in the province of Shaoxing, Zhejiang. Zhou is a renowned essayist and translator although is usually eclipsed by the accomplishments of his older brother, Zhou Shuren (周树人) or better known as Lu Xun. Zhou Zuoren was one of the most controversial writers of his time.

The young Zhou Zuoren attended Jiangnan Naval Academy (江南水師學堂) in Nanjing as did his older brother. Like Lu Xun, he went to Japan in 1906 in pursuit of higher education. He first studied Ancient Greek with the aim of translating the gospels into Classical Chinese. Zhou also mastered the Japanese language and learned English literature in scrutiny. He planned to study civil engineering at Rikkyo University but instead, attended lectures on Chinese philology (the study of language in written historical sources) by then famous scholar-revolutionary Zhang Binglin. In the land of the rising sun, he met his Japanese wife. They moved to China in 1911 to teach at various educational institutions.

Zhou was a man of conviction and modern ideals. He joined his brother in the clash for literary reform. They sought for the transformation of the formal written language from classical Chinese to vernacular Chinese. In the midst of political turmoil, they succeeded on this endeavor. Zhou Zuoren was a key figure in the May Fourth Movement.

Zhou's perspectives embodied both democratic and individualistic literature. He clearly differentiated between "democratic" and "popular" literature. He reasoned that while the common people may understand popular literature they do not necessarily understand democratic literature.  He thus made a distinction between the commoners and elites.  In 1918, he wrote an article that called for "humanist literature" in which "any custom or rule that goes against

human instincts and nature should be rejected or rectified". He cited awful ancient traditions such as children sacrificing themselves for their parents and wives buried alive to accompany their dead husbands.

His literary contributions to writing include short essays in vernacular Chinese published in *La Jeunesse* (also known as *The New Youth*), which was a very influential and widely circulated magazine of the 1920s. Zhou deterred from the steady, customary writing style. He adapted a refreshing writing style with a more conversational tone.

Zhou published over two dozen books of essays in various lengths and themes. His writing career started and was anchored on "scientific common sense", inspired by Western influences. His writing later shifted to his country's societal issues, customs and traditions. In 1930, he wrote 《水里的东西》 (*Things in the Water*), where he discusses 'river ghosts'. According to tradition, these ghosts are water-dwelling entities disguised as small, adorable human forms that play on the riverbanks and lure people into the river. They pull and drown victims to seek release and have their victims become their substitution. Zhou's finest works are characterized by humor with deep sadness, most often over the cruelty of ignorance, whether directed against the self or other. Today, his works and philosophies continue to influence modern China.

Zhou is also remembered as a prolific translator. He translated numerous Japanese and Greek literatures into classical Chinese. Some of his notable translations were Euripides' *Tragedies*, Sappho's lyrics, *Kojiki*, Sei Shōnagon's *Makura no Sōshi*, Shikitei Sanba's *Ukiyoburo*, a set of *Kyogen* and Ali Baba. He was the first to translate such great foreign literatures into Chinese.

In 1937, Japan and China finally entered total war. With this development, many of Zhou Zuoren's colleagues fled south to escape the Japanese occupation. Zhou Zuoren stayed in Beijing stating that to leave would be to leave his family, all women and children, in a desperate situation. Instead he stayed in Beijing and thus became a "great traitor to the nation". While initially resisting to cooperate with the Japanese occupational forces, a threat on his life caused him to accept a position as chancellor of Beijing University in 1939. In 1941, he accepted a position with the puppet government in northern China. While he firmly resisted the Japanese ideology, his participation in the puppet government came under scrutiny after the war ended.

In the aftermath of the Sino-Japanese war in 1945, Zhou was arrested under the reign of Chang Kai Shek. He was accused of alleged collaboration during the Japanese rule in North China. He Qifang (何其芳), Mao Dun (矛盾), and Feng Xuefueng (冯雪峰), who were intellectuals from the Communist party, testified that Zhou had been a traitor to the country because he lost his faith in national salvation. The Nanjing court was under pressure due to a national campaign by the Communists to compete with the ruling Kuomintang for political legitimacy so they overlooked Zhou's contributions to the Chinese during the occupation and sentenced him to 10 years in prison. However, he was released in 1949 through a pardon by the Chinese Communist Party.

A year after his release, he moved to Beijing and continued to write under pseudonyms. He died in May 6, 1967 during the Cultural Revolution.

# The Aging of Ghosts
## 《鬼的生长》
### 《Guǐ de Shēngzhǎng》

*The Aging of Ghosts* was written in April 1934 and published in *Nightly Reading* 《夜读抄》. In this essay Zhou Zuoren poses the question whether or not ghosts age in the afterlife. The question bypasses the intial question of whether ghosts actually exist or not. Zhou Zuoren searches for the answer in scientific fashion by referencing a number of written sources. However, the excerpts from these sources are contradicting each other. These excerpts are written in classical Chinese and are hence very difficult reading even for native Chinese. Reading this essay lends some understanding as to why Lu Xun, Hu Shi, Zhou Zuoren and many other intellectuals fought for literary reform.

Zhou Zuoren closes the essay stating the accounts from a diary of a man who corresponds with his dead family via a planchette. After endless questions, the man's family's spirits eventually abandon the lonely man and leave him more alone than ever.

This piece starts from the amusing question about the aging of ghosts and ends ridiculously highlighting that the original question was rather absurd.

《鬼[1]的生长》

　　关于[2]鬼的事情我平常很想知道。知道了有什么好处呢？那也未
必[3]有，大约实在也只是好奇罢了。古人云[4]，唯[5]圣人[6]能知鬼神之情状[7]，
那么这件事可见不是容易办到的，自悔[8]少不弄[9]道学[10]，此路已是不通[11]，
只好发挥[12]一点考据癖[13]，从古今人的纪录[14]里去找寻[15]材料，或者能够
间接[16]的窥见[17]百一[18]亦[19]未可知。但是千百年来已非一日，载籍[20]浩如烟
海[21]，门外摸索[22]，不得象尾[23]，而且鬼界的问题似乎也多得很，尽够[24]

---

[1] 鬼 – guǐ – ghost

[2] 关于 – guānyú – about; concerning; in the matter of; as for

[3] 未必 – wèibì – may not; not necessarily

[4] 云 – yún – (古文) to say; used to quote someone's remarks

[5] 唯 – wéi – only

[6] 圣人 – shèngrén – sage; saint

[7] 情状 – qíngzhuàng – circumstance; scene; situation

[8] 自悔 – zì huǐ – to self-regret; to regret oneself

[9] 弄 – nòng – to learn; to study

[10] 道学 – dàoxué – Daoism; Taoism; Neo-Confucianism; philosophical and religious tradition that has influenced the people of East Asia for more than two millennia. The word 道, Tao (or Dao, depending on the romanization scheme), is often translated as "path" or "way", but with a myriad of nuances in folk religion and Chinese philosophy.

[11] 路不通 – lù bù tōng – road is closed; road (路) does not (不) go through (通)

[12] 发挥 – fāhuī – to bring (skill, talent, etc.) into full play

[13] 考据癖 – kǎojù xuǎn – addiction/ great hobby (癖) of textual criticism (考据)

[14] 纪录 – jìlù – record (in history); documentary

[15] 找寻 – zhǎoxún – to seek; to look for

[16] 间接 – jiànjiē – indirect

[17] 窥见 – kuījiàn – to get a glimpse of

[18] 百一 – bǎiyī – one in a hundred

[19] 亦 – yì – (古文) also; too; likewise

[20] 载籍 – zǎi jí – books

[21] 浩如烟海 – hàorú-yānhǎi – (成语) voluminous; as voluminous (浩) as a vast sea (海) of fog (烟)
　　　如 – as...as

[22] 摸索 – mōsuǒ – to fumble; to probe; to explore; to search

研究院里先生们一生的检讨[25]，我这里只提出一个题目，即[26]上面所说的鬼之生长，姑且[27]大题小做[28]，略陈管见[29]，仁候明教[30]。

人死后为鬼，鬼在阴间[31]或其他地方究竟是否[32]一年年的照常[33]生长，这是一个问题。其[34]解决法有二。一是根据[35]我们这种老顽固[36]的无鬼论[37]，那未免[38]文不对题[39]，而且也太杀风景[40]，其次是普通的有鬼论，有鬼才有生长与否这问题发生，所以归根结底[41]解决还只有这唯一[42]一

---

[23] 象尾 – xiàng wěi – elephant (象) tail (尾); the very small part of the whole picture; the tip of the iceberg

[24] 尽够 – jìn gòu – quite enough to

[25] 检讨 – jiǎntǎo – self-criticism; to examine one's own mistakes

[26] 即 – jí – (古文) that is; namely

[27] 姑且 – gūqiě – tentatively

[28] 大题小做 – dàtí-xiǎozuò – (成语) to do (做) just a little (小) about a major (大) issue (题)

[29] 略陈管见 – lüè chén guǎn jiàn – to offer (陈) a few (略) of one's humble (管) opinions (见); 管见 is used as a self-depreciatory expression

[30] 仁候明教 – rén hòu míng jiào – waiting for scholars to give advice and comments on my arguments; a set phrase used in letters or articles to show politeness and humbleness

[31] 阴间 – yīnjiān – hell; the nether world; the land of the dead; the region beyond the grave; the underworld
　　the opposite meaning is 阳间 (yángjiān): the present world; the living world

[32] 是否 – shìfǒu – whether (or not); if

[33] 照常 – zhàocháng – as usual

[34] 其 – qí – (古文) its; it

[35] 根据 – gēnjù – based on; on the basis of; according to

[36] 老顽固 – lǎowángù – old stick-in-the-mud; old diehard

[37] 无鬼论 – wú guǐ lùn – no-ghost (无鬼) theorem (论)

[38] 未免 – wèimiǎn – rather; be a bit too; really

[39] 文不对题 – wénbú-duìtí – (成语) irrelevant to the subject; beside the point; get off on a tangent

[40] 杀风景 – shā fēngjǐng – to spoil (杀) the scene (风景)
　　煞 (shà) is more often used in modern Chinese

[41] 归根结底 – guīgēn-jiédǐ – (成语) finally; in the end; in conclusion; Or 归根结蒂 (guīgēn-jiédì)

[42] 唯一 – wéiyī – single; only; sole

法。然而有鬼虽为[43]一般信士[44]的定论[45]，而其生长与否却言人人殊[46]，莫衷一是[47]。清[48]纪昀[49]《如是我闻》[50]卷[51]四云：

"任子田[52]言[53]，其乡[54]有人夜行[55]，月下见墓道[56]松柏[57]问有两人并坐，一男子年约十六七，韶秀[58]可爱，一妇人[59]白发垂项[60]，佝偻携杖[61]，似七八十以上人，倚肩[62]笑语[63]，意若甚相悦[64]，窃讶[65]何物[66]淫[67]姬[68]，乃[69]与少年儿狎昵[70]，

---

[43] 为 – wéi – be; is; are; am

[44] 信士 – xìnshì – follower of a religion

[45] 定论 – dìnglùn – final conclusion; the last word

[46] 言人人殊 – yánrén-rénshū – (成语) each person offers a different version; different people give different views

[47] 莫衷一是 – mòzhōng-yīshì – (成语) unable to agree or decide which is right

[48] 清 – Qīng – the Qing Dynasty

[49] 纪昀 – Jǐ Yún – Ji Yun, his original name is 纪文达 (Jǐ Wéndá), style name 纪晓岚 (Jǐ Xiǎolán); famous scholar, professor, editor-in-chief, politician and chief official of various departments in the Qianlong (乾隆) Period of the Qing Dynasty (1736-1795 CE)

[50] 如是我闻 – *Rúshì Wǒ Wén* – *This is So I Heard*

[51] 卷 – juàn – a chapter in a book

[52] 任子田 – Rén Zǐtián – name, the person who tells the following story

[53] 言 – yán – say; tell

[54] 乡 – xiāng – native place; hometown; home state or origin

[55] 夜行 – yè xíng – walk (行) at night (夜)

[56] 墓道 – mù dào – the road (道) along a cemetery (墓)

[57] 松柏 – sōngbǎi – pine (松) and cypress (柏)

[58] 韶秀 – sháoxiù – pretty and graceful

[59] 妇人 – fùrén – married women

[60] 白发垂项 – báifà chuí xiàng – grey hair (白发) has reached (垂) (her) neck (项)

[61] 佝偻携杖 – gōulóu xié zhàng – stoop (佝偻), holding (携) a cane (杖)

[62] 倚肩 – yǐ jiān – side by side; shoulder to shoulder

[63] 笑语 – xiào yǔ – cheerful chat (语) with smiles (笑) to each other

[64] 意若甚相悦 – yì ruò shèn xiāng yuè – (古文) it seems that (若) their affection (意) appears very amorous (悦) to each other (相) very much (甚); it seems that they love each other very much

[65] 窃讶 – qiè yà – to secretly (窃) feel surprised (讶)

[66] 何物 – hé wù – what is this; who is this

行稍近[71]，冉冉而灭[72]。次日询[73]是谁家冢[74]，始知[75]某[76]早年夭折[77]，其妇孀[78]守[79]五十馀[80]年，殁[81]而合窆[82]于是也。"

照[83]这样说，鬼是不会生长的，他的容貌[84]年纪便以死的时候为准[85]。不过仔细[86]想起来，其间有许多不方便的事情，如少夫老妻[87]即是[88]其一[89]，此外则[90]子老父幼[91]，依照[92]礼法[93]温凊定省[94]所不可废[95]，为儿

---

[67] 淫 – yín – (古文) to confuse; to baffle
[68] 妪 – yù – (古文) old woman
[69] 乃 – nǎi – (古文) to go so far as to
[70] 狎昵 – xiánì – (古文) unduly intimate with; improperly familiar with
[71] 行稍近 – xíng shāo jìn – (古文) walk (行) slowly to get a little (稍) close (近) to (them); to walk slowly up to (them)
[72] 冉冉而灭 – rǎnrǎn ér miè – disappear (灭) slowly and gradually (冉冉); 而 is a structural word used between an adverb and a verb
[73] 询 – xún – to ask
[74] 冢 – zhǒng – (古文) tomb
[75] 始知 – shǐ zhī – to begin to (始) know (知)
[76] 某 – mǒu – a certain; some
[77] 夭折 – yāozhé – to die young
[78] 妇孀 – fù shuāng – widow
[79] 守 – shǒu – keep; maintain (virtuous widowhood)
[80] 馀 – yú – (古文) more than, over
[81] 殁 – mò – (古文) to die
[82] 合窆 – hé biǎn – (古文) bury (窆) the remains (of husband and wife) together (合) in one tomb
[83] 照 – zhào – according to
[84] 容貌 – róngmào – appearance; looks
[85] 为准 – wéi zhǔn – as a criterion; based on; determined by
[86] 仔细 – zǐxì – carefully; attentively
[87] 少夫老妻 – shào fū lǎo qī – young (少) husband (夫) and old (老) wife (妻)
[88] 即是 – jí shì – like this
[89] 其一 – qí yī – one such
[90] 则 – zé – (古文) however
[91] 子老父幼 – zǐ lǎo fù yòu – old (老) son (子) and young (幼) father (父)
[92] 依照 – yīzhào – judging by; according to; in the light of; based on
[93] 礼法 – lǐfǎ – rules of etiquette and manners
[94] 温凊定省 – wēnqíng-dìngxǐng – (成语) to warm the quilts in winter (温) for our parents, to cool the rooms in summer (凊) for our parents, to let our parents have a

子者实有<sup>96</sup>竭暇<sup>97</sup>难当之势<sup>98</sup>，甚可悯<sup>99</sup>也<sup>100</sup>。又如世间<sup>101</sup>法不禁<sup>102</sup>再婚，贫儒<sup>103</sup>为宗嗣<sup>104</sup>而续弦<sup>105</sup>，死后便有好几房扶养<sup>106</sup>的责任<sup>107</sup>，则此老翁<sup>108</sup>亦大可念，再醮妇<sup>109</sup>照<sup>110</sup>俗信<sup>111</sup>应锯而分之<sup>112</sup>，前夫<sup>113</sup>得此一片老躯<sup>114</sup>，更将何所用之耶<sup>115</sup>。

宋邵伯温<sup>116</sup>《闻见录》<sup>117</sup>十八云：

---

peaceful sleep at night (定) and to give greetings in the morning (省) to our parents; to show filial respect to and take good care of our parents

<sup>95</sup> 废 – fèi – to abandon; to abolish

<sup>96</sup> 实有 – shíyǒu – actually exist

<sup>97</sup> 竭暇 – jié xiá – (古文) not have free time

<sup>98</sup> 势 – shì – tendency; trend

<sup>99</sup> 可悯 – kěmǐn – to have pity for; to feel sorry for

<sup>100</sup> 也 – yě – (古文) auxiliary word used at the end of a declarative sentence to show strong affirmation or identity

<sup>101</sup> 世间 – shìjiān – world

<sup>102</sup> 禁 – jìn – to forbid; to prohibit

<sup>103</sup> 贫儒 – pín rú – poor (贫) scholar (儒)

<sup>104</sup> 宗嗣 – zōng sì – (古文) heir; successor; inheritor of a family; in ancient Chinese, it only refers to sons

<sup>105</sup> 续弦 – xù xián – (古文) (of a widower) to remarry after one's wife died

<sup>106</sup> 扶养 – fúyǎng – to foster; to bring up; to support; to maintain

<sup>107</sup> 责任 – zérèn – duty; responsibility; blame

<sup>108</sup> 老翁 – lǎowēng – grey beard; old man; father

<sup>109</sup> 醮妇 – jiào fù – (古文) remarried woman

<sup>110</sup> 照 – zhào – according to; in accordance with

<sup>111</sup> 俗信 – sú xìn – customs and beliefs

<sup>112</sup> 锯而分之 – jù ér fēn zhī – to cut (分) her (之) into pieces with a saw (锯); 而 is a structural word used between two verbs to show the order of the two actions

<sup>113</sup> 前夫 – qiánfū – ex-husband

<sup>114</sup> 老躯 – lǎo qū – old body

<sup>115</sup> 耶 – yé – (古文) a question word used at the end of a question

<sup>116</sup> 宋邵伯温 – Sòng Shào Bówēn – Shào (邵) Bówēn (伯温) in the Song Dynasty (宋); 邵伯温: (1057-1134) poet, writer and politician in the Song Dynasty

<sup>117</sup> 闻见录 – *Wén Jiàn Lù* – *Records of What I Heard and Saw,* written by 邵伯温

"李夫人生康节公[118]，同堕一死胎[119]，女也。后十餘年，夫人病卧[120]，见月色中一女子拜[121]庭[122]下，泣曰[123]，母不察[124]，庸医[125]以药毒儿[126]，可恨。夫人曰，命[127]也。女曰，若为命，何兄[128]独生[129]？夫人曰，汝[130]死兄独生，乃[131]命也。女子涕泣[132]而去。又十餘年，夫人再见女子来泣曰，一为庸医所误[133]，二十年方得[134]受生，与母缘[135]重，故[136]相别[137]。又涕泣而去。"

曲园[138]先生《茶香室丛钞》[139]卷八引[140]此文，案语[141]云：

---

[118] 康节公 - Kāngjié gōng - Shao Bowen.
　　　康节 is his style name
　　　公 is often used at the end of a scholar's name to show respect
[119] 堕胎 - duòtāi - to have an abortion
[120] 病卧 - bìng wò - lie (卧) on the bed because of serious illness (病)
[121] 拜 - bài - pay a visit
[122] 庭 - tíng - courtyard
[123] 泣曰 - qì yuē - (古文) weep (泣) and say (曰)
[124] 不察 - bù chá - unaware
[125] 庸医 - yōngyī - quack; charlatan
[126] 以药毒儿 - yǐ yào dú ér - (古文) to poison (毒) a son (儿) with (以) drugs (药)
[127] 命 - mìng - destiny; lot; fate
[128] 何兄 - hé xiōng - (古文) why (何) my brother (兄)
[129] 独生 - dú shēng - to survive (生) alone (独)
[130] 汝 - rǔ - (古文) you
[131] 乃 - nǎi - (古文) to be; are; is; am
[132] 涕泣 - tì qì - to weep
[133] 为庸医所误 - wéi yōngyī suǒ wù - to be delayed (误) by a quack (庸医);
　　　为...所 - be done by, used in passive voice
[134] 得 - dé - to get; to obtain; to gain
[135] 缘 - yuán - lucky chance; lot or luck by which people are brought together; predestined relationship
[136] 故 - gù - (古文) therefore
[137] 相别 - xiāng bié - to part; to bid farewell
[138] 曲园 - Qǔyuán - (1821-1907) scholar, writer and calligrapher in the late Qing Dynasty and a favorite author of Zhou Zuoren.

"此事甚异[142]，此女子既[143]在母腹[144]中死，一无知识[145]之血肉[146]耳[147]，乃死后十馀年便能拜能言[148]，岂死后亦如在人间与年俱长[149]乎[150]？"

据我看来，准[151]邵氏[152]《闻见录》所说，鬼的与年俱长确无疑义[153]，假如[154]照这个说法，纪文达[155]所记的那年约十六七的男子应该改为七十几岁的老翁，这样一来那篇故事便不成立[156]，因为七八十以上的翁媪[157]在月下谈心[158]，虽然也未免是"马齿长而童心尚在[159]"，却并不怎

---

[139] 茶香室丛钞 – *Chá Xiāng Shì Cóng Chāo* – *Commonplace Book of the House of Tea Fragrance*, a book written by 曲园

[140] 引 – yǐn – cite; quote

[141] 案语 – àn yǔ – author's comment or remark; footnote

[142] 甚异 – shèn yì – (古文) very (甚) strange (异)

[143] 既 – jì – (古文) already

[144] 母腹 – mǔ fù – (古文) mother's (母) belly (腹)

[145] 知识 – zhīshi – knowledge

[146] 血肉 – xuè ròu – flesh (血) and blood (肉); the body

[147] 耳 – ěr – (古文) auxiliary word used at the end of a sentence

[148] 能言 – néng yán – have the ability (能) to speak (言)

[149] 与年俱长 – yǔ nián jù zhǎng – to grow (长) completely (俱) with (与) each passing year (年); to grow up day by day

[150] 乎 – hū – (古文) interrogative or exclamatory particle used at the end of a question

[151] 准 – zhǔn – be in accord with

[152] 氏 – shì – used after one's family name.
      邵氏 refers to 邵伯温

[153] 疑义 – yí yì – doubt
      确无疑义 – without a doubt

[154] 假如 – jiǎrú – if; supposed; in case; in the event that

[155] 纪文达 – Jì Wéndá – See Footnote 49 (纪昀)

[156] 成立 – chénglì – to be tenable; to hold water

[157] 翁媪 – wēng ǎo – (古文) old man (翁) and old woman (媪)

[158] 谈心 – tánxīn – have a heart-to-heart talk

[159] 马齿长而童心尚在 – mǎ chǐ zhǎng ér tóng xīn shàng zài – (one) is old but still has an innocent and happy mind like children.
      马齿长, or 马齿加长 – (mǎ chǐ jiā zhǎng) – the age of a horse can be judged from the length of its teeth, a metaphor to express someone is old

么的可讶[160]了。还有一层，鬼可见[161]人而人不见鬼，最后松柏间相见，翁鬼固然认得媪，但是媪鬼那时如无人再为介绍，恐怕不容易认识她的五十馀年前的良人[162]了罢。邵纪二说各有短长[163]，我们凡人[164]殊难别择[165]，大约只好两存之罢，而鬼在阴间是否也是分道扬镳[166]，各自去生长或不生长呢，那就不得而知了。鬼不生长说似普通，生长说稍[167]奇，但我却也找到别的材料，可以参证[168]。《望杏楼志痛编补》[169]一卷，光绪[170]己亥[171]年刊[172]，无锡[173]钱鹤岑[174]著[175]，盖[176]为其子[177]杏宝[178]纪念者，正

---

[160] 可讶 – kě yà – surprising

[161] 可见 – kě jiàn – is able to see; visible

[162] 良人 – liángrén – (古文) husband

[163] 各有短长 – gè yǒu duǎn cháng – each (各) (of their arguments) has (有) advantages (长) and disadvantages (短)

[164] 凡人 – fánrén – ordinary people; mortal

[165] 殊难别择 – shū nán bié zé – very (殊) hard (难) to differentiate (别) and choose (择)

[166] 分道扬镳 – fēndào-yángbiāo – (成语) to separate and go different ways

[167] 稍 – shāo – a little; a bit; slightly

[168] 参证 – cānzhèng – consult and refer to (参) experimental verification (证)

[169] 望杏楼志痛编补 – *Wàngxìnglóu Zhì Tòng Biān Bǔ* – *Supplement to the Trials of the Wangxinglou*, a book, written by 钱鹤岑 during the Qing Dynasty

[170] 光绪 – Guāngxù – The Guangxu Emperor (1871-1908) in the Qing Dynasty

[171] 己亥 – Jǐ-Hài – here refers to the year of 1899

己 – the 6th of the ten Heavenly Stems (天干, tiān gān) used by the ancients to designate years, months, days in combination with the twelve Earthly Stems

亥 – the last of the twelve Earthly Branches (地支, dì zhī) used by the ancients in combination with the ten Heavenly Stems to denote years, months, days

天干地支 – Heavenly stems and earthly branches are collectively known as Stem-Branch or Gan-Zhi. The 10 heavenly stems are Jia (甲, jiǎ), Yi (乙, yǐ), Bing (丙, bǐng), Ding (丁, dīng), Wu (戊, wù), Ji (己, jǐ), Geng (庚, gēng), Xin (辛, xīn), Ren (壬, rén) and Gui (癸, guǐ). The 12 earthly branches are Zi (子, zǐ), Chou (丑, chǒu), Yin (寅, yín), Mao (卯, mǎo), Chen (辰, chén), Si (巳, sì), Wu (午, wǔ), Wei (未, wèi), Shen (申, shēn), You (酉, yǒu), Xu (戌, xū) and

编惜[179]不可得[180]。补编[181]中有《乩谈日记》[182]，纪与其子女笔谈[183]，其三子鼎宝[184]生于己卯[185]四旬[186]而殇[187]，四子杏宝生于辛己[188]十二岁而殇，三女粤贞[189]生于丁亥[190]五日而殇，皆来下坛[191]。记云：

> "丙申[192]十二月二十一日晚，杏宝始来。问汝[193]去时十二岁，今身躯[194]加长乎？曰，长。"

又云：

---

Hai (亥, hài). Each heavenly stem is paired with an earthly branch to form the Gan-Zhi sexagenary cycle that starts with Jia-Zi(甲子).

[172] 年刊 – nián kān – annual; yearly book

[173] 无锡 – Wúxī – Wuxi, a city in Jiangsu province of China

[174] 钱鹤岑 – Qián Hècén – Qian Hecen, the author of the following diary

[175] 著 – zhù – write

[176] 盖 – gài – (古文) maybe; probably

[177] 子 – zǐ – child; son

[178] 杏宝 – Xìngbǎo – name of Qián Hècén's fourth son

[179] 惜 – xī – to feel sorry for somebody or about something; to have pity for

[180] 不可得 – bù kě dé – unobtainable; unavailable

[181] 补编 – bǔ biān – supplementary volume

[182] 乩谈日记 – *Jī Tán Rìjì* – *Diaries* (日记) *of the Conversations* (谈) *via the Planchette* (乩), name of the volume

[183] 笔谈 – bǐ tán – conversation by writing

[184] 鼎宝 – Dǐngbǎo – name of Qián Hècén's third son

[185] 己卯 – Yǐ-Mǎo – here refers to the year of 1889. See Footnote 171

[186] 旬 – xún – a period of ten years in a person's age;
四旬 means 40 years old

[187] 殇 – shāng – (古文) die young

[188] 辛己 – Xīn-Jǐ – here refers to the year of 1881. See Footnote 171

[189] 粤贞 – Yuèzhēn – name

[190] 丁亥 – Dīng-Hài – here refers to the year of 1887. See Footnote 171

[191] 坛 – tán – altar

[192] 丙申 – Bǐng-Shēn – here refers to the year of 1896. See Footnote 171

[193] 汝 – rǔ – (古文) used to address the other party of a talk, equivalent to *you* or *your*

[194] 身躯 – shēn qū – body

"丁酉[195]正月[196]十六日，早起扶乩[197]，则先兄[198]韵竺[199]与闺妹[200]杏宝皆在。问先兄逝世[201]时年方二十六，今五十馀矣，容颜亦老[202]乎？曰，老。已留须[203]乎？曰，留。"

由此[204]可知鬼之与年俱长，与人无异[205]。又有数[206]节[207]云：

"正月二十九日，问几岁有知识乎？曰，三岁。问食乳[208]几年？曰，三年。"（此系[209]问鼎宝。）

"三月二十一日，闺妹到。问有事乎？曰，有喜事。何喜？曰，四月初四日杏宝娶妇[210]。问妇[211]年几何？曰，十三。问请吾辈[212]吃喜酒[213]乎？曰，不。汝去乎？曰，

---

[195] 丁酉 – Dīng-Yǒu – here refers to the year of 1897. See Footnote 171.

[196] 正月 – zhēngyuè – the first month of the Chinese lunar year

[197] 扶乩 – fújī – a kind of superstitious activity; to divine (乩) the future with holding a kind of wooden shelf (扶); when two people hold a stick together and move it, the stick then will write words on a sand table to express revelations from the gods.

[198] 先兄 – xiānxiōng – deceased elder brother

[199] 韵竺 – Yùnzhú – name of Qián Hècén's older brother

[200] 闺妹 – Rùnmèi – name of Qián Hècén's younder sister named 闰儿

[201] 逝世 – shìshì – pass away; die

[202] 容颜亦老 – róngyán yì lǎo – one's appearance (容颜) also (亦) looks old (老)

[203] 留须 – liú xū – keep/have (留) beard (须)

[204] 由此 – yóucǐ – according to (由) this (此)

[205] 无异 – wú yì – no (无) difference (异); the same as

[206] 数 – shù – a few; several

[207] 节 – jié – paragraph

[208] 食乳 – shí rǔ – suck (食) the breast (乳)

[209] 系 – xì – (古文) to be; is; are; am

[210] 娶妇 – qǔ fù – to marry a woman

[211] 妇 – fù – a married woman

[212] 吾辈 – wúbèi – (古文) we; us

[213] 吃喜酒 – chī xǐjiǔ – to attend one's wedding feast

去。要送贺仪[214]乎？曰，要。问鼎宝娶妇乎？曰，娶。产子[215]女否[216]？曰，二子一女。"

"五月二十九日，问杏儿[217]汝妇山南[218]好否？曰，有喜。盖已怀孕[219]也。喜见于何月？曰，五月。何月当产？曰，六月。因问先兄，人十月而生，鬼皆三月而产乎？曰，是。鬼与人之不同如是，宜[220]女年十一而可嫁[221]也。"

"六月十二日，问次女[222]应科[223]，子女同来几人？杏儿代答[224]曰，十人。余[225]大惊[226]以为误[227]，反覆诘之[228]，答如故[229]。呼[230]闰妹问之，言与杏儿同。问嫁才五年，何得产许多，岂一年产几次乎？曰，是。余始知鬼与人迥

---

[214] 送贺仪 – sòng hè yí – to send gifts as a token of congratulations
[215] 产子 – chǎnzǐ – have a child
[216] 否 – fǒu – (古文) whether or not; auxiliary word used at the end of a question
[217] 杏儿 – Xìng'ér – another name for 杏宝
[218] 山南 – Shānnán – name, the wife of 杏宝
[219] 怀孕 – huáiyùn – conception; pregnant; to have a baby
[220] 宜 – yí – (古文) no wonder; of course
[221] 可嫁 – kě jià – may (可) marry (嫁)
[222] 次女 – cìnǚ – the second daughter
[223] 应科 – Yīngkē – name of Qián Hècén's second daughter
[224] 代答 – dài dá – to answer (答) instead (代) (for 应科)
[225] 余 – yú – (古文) I (same as 我)
[226] 大惊 – dà jīng – greatly surprised
[227] 以为误 – yǐwéi wù – to think of (以为) it as a mistake (误)
[228] 反覆诘之 – fǎn fù jié zhī – to repeatedly (反覆) ask (诘) her (之)
[229] 答如故 – dá rú gù – (古文) to answer (答) (is the same) as (如) before (故)
[230] 呼 – hū – to call

别[231]，几与猫大无异，前闻杏儿娶妇十一岁，以为无此事，今合而观之[232]，鬼固[233]不可以人理[234]测[235]也。"

"十九日，问杏儿，寿春叔祖[236]现在否？曰，死。死几年矣？曰，三年。死后亦用棺木[237]葬[238]乎？曰，用。至此[239]始知鬼亦死，古人谓[240]鬼死曰聻[241]，信有之[242]，盖阴间所产者即聻所投[243]也。"

以上[244]各节[245]对于鬼之婚丧[246]生死诸事[247]悉[248]有所发明，可为鬼的生活志[249]之材料，很可珍重[250]。

民国二十二年[251]春游[252]厂甸[253]，于地摊得此册[254]，白纸木[255]活字[256]，墨笔[257]校正[258]，清雅[259]可喜，《乩谈日记》及[260]《补笔》[261]最有意思，

---

[231] 迥别 – jiǒngbié – (古文) totally different; completely different
[232] 合而观之 – hé ér guān zhī – to consider all of the above (合) and (而) think about (观) the issue (之); in conclusion; all in all
[233] 固 – gù – firmly
[234] 人理 – rén lǐ – rules of humans
[235] 测 – cè – to measure; to judge
[236] 叔祖 – shūzǔ – grandfather's younger brother
[237] 棺木 – guānmù – coffin
[238] 葬 – zàng – to bury (the dead)
[239] 至此 – zhì cǐ – up to now; till now
[240] 谓 – wèi – (古文) say
[241] 聻 – jiàn – (古文) death of a disembodied spirit; depraved
[242] 信有之 – xìn yǒu zhī – (古文) believe (信) that this (之) does exist (有)
[243] 投 – tóu – to reborn; to be reincarnated in a new body
[244] 以上 – yǐshàng – the above
[245] 各节 – gè jié – each paragraph; all paragraphs
[246] 婚丧 – hūn sāng – wedding (婚) and funeral (丧)
[247] 诸事 – zhū shì – (古文) all; everything
[248] 悉 – xī – all; entire
[249] 志 – zhì – record; annal
[250] 珍重 – zhēnzhòng – to highly value; to treasure

纪述[262]地下情形颇[263]为详细，因虑纸短[264]不及多抄[265]，正编[266]未得到虽亦可惜，但当无乩坛[267]纪事[268]，则价值亦少减[269]耳。吾[270]读此编，觉得邵氏之说已有副署[271]，然则鬼之生长正亦未可否认欤[272]。

我不信鬼，而喜欢知道鬼的事情，此是一大矛盾也。虽然，我不信人死为鬼，却相信鬼后有人，我不懂什么是二气之良能[273]，但鬼为

---

[251] 民国二十二年 – Mínguó èrshí'èr nián – the 22nd year in the Republican Era of China (Refers to the year of 1933). The Republic Of China was founded in 1912, which is the first year in the Republican Era of China.

民国 – the Republic of China (ROC). The History of the Republic of China begins after the Qing Dynasty in 1912, when the formation of the Republic of China put an end to over two thousand years of Imperial rule.

[252] 春游 – chūnyóu – spring outing

[253] 厂甸 – Chǎngdiàn – name of a seasonal street market in Beijing

[254] 于地摊得此册 – yú dìtān dé cǐ cè – get (得) this (此) book (册) from (于) a stall (地摊)

[255] 白纸木 – bái zhǐmù – white paper made from wood

[256] 活字 – huózì – types; movable types; woodblock printing; one of the Four Great Inventions of ancient China (compass, gunpowder, papermaking, woodblock printing)

[257] 墨笔 – mòbǐ – Chinese writing brush

[258] 校正 – xiàozhèng – correction

[259] 清雅 – qīngyǎ – neat and elegant

[260] 及 – jí – and

[261] 补笔 – *Bǔ Bǐ* – *A Supplementary Remark*, name of a book

[262] 纪述 – jì shù – record; narration

[263] 颇 – pō – very; quite

[264] 因虑纸短 – yīn lǜ zhǐ duǎn – because (因) (the author) was worried that (虑) the paper (纸) for recording was insufficient (短)

[265] 不及多抄 – bù jí duō chāo – fail to (不及) make too much (多) recordings (抄)

[266] 正编 – zhèngbiān – original edition; first edition

[267] 乩坛 – jī tán – (古文) altar (坛) for divining (乩)

[268] 纪事 – jì shì – chronicles; record

[269] 少减 – shǎo jiǎn – to reduce; to decrease

[270] 吾 – wú – (古文) I

[271] 副署 – fùshǔ – (古文) countersignature

[272] 欤 – yú – (古文) auxiliary word used at the end of a sentence to express admiration, doubt, surprise, or to make a question

周作人　　　　**155**

生人喜惧²⁷⁴愿望之投影²⁷⁵则当不谬²⁷⁶也。陶公²⁷⁷千古²⁷⁸旷达²⁷⁹人，其《归园田居》²⁸⁰云："人生似幻化，终当归空无²⁸¹"，《神释》²⁸²云："应尽便须尽，无复独多虑²⁸³"，在《拟挽歌词》²⁸⁴中则云："欲语²⁸⁵口无音，欲视²⁸⁶眼无光，昔在高堂²⁸⁷寝²⁸⁸，今宿²⁸⁹荒草乡²⁹⁰"，陶公于生死

---

²⁷³ 二气之良能 – èr qì zhī liáng néng – the endowed potency (良能) of the two (二) *qi* (气); 之 is an auxiliary word used between a modifier and a noun. It's cited from 《近思录》 (Jìn sī lù), written by 张载 (Zhāng Zài) in the Song Dynasty. In the book it's believed that ghosts (鬼) and gods (神) are the endowed potency of the two *qi* (鬼神者，二气之良能也).

　　　气 – qi – In traditional Chinese culture, *qi* (or chi) is an active principle forming part of any living thing. *Qi* is frequently translated as "energy flow", and is often compared to Western notions of energeia or élan vital (vitalism), as well as the yogic notion of prana and pranayama. The literal translation of *qi* is air, breath, or gas. The two *qi* are 阴 (yīn) and 阳 (yáng).

²⁷⁴ 喜惧 – xǐ jù – joy (喜) and fear (惧)

²⁷⁵ 投影 – tóuyǐng – shadow

²⁷⁶ 谬 – miù – error; false; wrong; absurd

²⁷⁷ 陶公 – Táogōng – 陶渊明 (Táo Yuānmíng) (365 – 427), born in modern Jiangxi Province in the Jin Dynasty, one of the most influential pre-Tang Dynasty Chinese poets

²⁷⁸ 千古 – qiāngǔ – through the ages; forever

²⁷⁹ 旷达 – kuàngdá – broad-minded

²⁸⁰ 归园田居 – *Guī Yuán Tián Jū* – *Returning to My Home in the Country*, collection of poems written by 陶渊明.

²⁸¹ 人生似幻化，终当归空无 – rénshēng sì huàn huà, zhōng dāng guī kōng wú – Our life (人生) is changing (化) like (似) illusions (幻), returning (归) at last (终当) to the void (空无), cited from 《归园田居》

²⁸² 神释 – *Shén Shì* – *Explanations* (释) *on Spirit* (神), poem written by 陶渊明

²⁸³ 应尽便须尽，无复独多虑 – yīng jìn biàn xū jìn, wú fù dú duō lù – let go when it should, worry about no more, cited from 《神释》

²⁸⁴ 拟挽歌词 – *Nǐ Wǎngē Cí* – *Elegy for Myself*, collection of poems written by 陶渊明

²⁸⁵ 欲语 – yù yǔ – to want (欲) to speak (语)

²⁸⁶ 欲视 – yù shì – to want (欲) to look at (视)

²⁸⁷ 高堂 – gāotáng – a hall with a high ceiling

²⁸⁸ 寝 – qǐn – to go to sleep; to go to bed

²⁸⁹ 宿 – xiǔ – night

²⁹⁰ 荒草乡 – huāngcǎo xiāng – the (poor) countryside (乡) full of weeds (荒草)

岂尚有迷恋[291]，其如此说于文词上固亦大有情致[292]，但以生前的感觉推想[293]死后况味[294]，正亦人情之常，出于自然者也。常人更执着[295]于生存，对于自己及所亲之翳然[296]而灭[297]，不能信亦不愿信其灭也，故[298]种种[299]设想[300]，以为必继续存在，其存在之状况则因人民地方以至各自的好恶[301]而稍稍[302]殊异[303]，无所作为而自然流露[304]，我们听人说鬼实即等于听其谈心[305]矣。盖有鬼论者忧患[306]的人生之雅片烟[307]，人对于最大的悲哀[308]与恐怖之无可奈何[309]的慰藉[310]，"风流士女[311]可以续[312]未了之缘[313]，壮烈英雄[314]则曰二十年后又是一条好汉"。相信唯物论[315]的便有祸[316]了，

---

[291] 迷恋 – míliàn – to be addicted to; to be infatuated with; to madly cling to

[292] 情致 – qíngzhì – temperament and interest; wit and humor

[293] 推想 – tuīxiǎng – to speculate; to infer; to generalize

[294] 况味 – kuàng wèi –（古文）circumstance; condition

[295] 执着 – zhízhuó – insistence; perseverence

[296] 翳然 – yìrán –（古文）to fade; to disappear

[297] 灭 – miè – to diminish; to perish; to be gone

[298] 故 – gù – reason; conjecture

[299] 种种 – zhǒngzhǒng – a variety of; all kinds of

[300] 设想 – shèxiǎng – assumption; imagination; presumption

[301] 好恶 – hàowù – likes (好) and dislikes (恶)

[302] 稍稍 – shāoshāo – a little; a bit; slightly

[303] 殊异 – shūyì – different; unusual

[304] 自然流露 – zìrán liúlù – spontaneous (自然) expression (流露)

[305] 谈心 – tánxīn – have a heart-to-heart talk

[306] 忧患 – yōuhuàn – suffering; misery; hardship

[307] 雅片烟 – yǎpiànyān – opium

[308] 悲哀 – bēi'āi – grieved; sad; sorrowful

[309] 无可奈何 – wúkě-nàihé –（成语）to have no alternative; to have no way out

[310] 慰藉 – wèijiè – comfort; consolation

[311] 风流士女 – fēngliú shì nǚ – romantic (风流) young men and women (士女)

[312] 续 – xù – continue; go on

[313] 未了之缘 – wèiliǎo-zhīyuán – unfinished love; unrealized love; 了: end; finish

[314] 壮烈英雄 – zhuàngliè yīngxióng – honorable and glorious hero

[315] 唯物论 – wéiwùlùn – materialism

[316] 祸 – huò – disaster

如精神倔强[317]的人麻醉药[318]不灵[319]，只好醒着割肉[320]。关公[321]刮骨[322]固[323]属[324]英武[325]，然实亦冤苦[326]，非凡人所能堪受[327]，侧其乞救[328]于吗啡[329]者多，无足怪也。《乩谈日记》云：

> "八月初一日，野鬼[330]上乩[331]，报[332]萼贞[333]投生[334]。问何日，书[335]七月三十日。问何地，曰，城中[336]。问其姓氏[337]，

---

[317] 精神倔强 – jīngshén juèjiàng – strong in spirit; unyielding

[318] 麻醉药 – mázuìyào – anaesthetic drug

[319] 不灵 – bù líng – ineffective; doesn't work

[320] 割肉 – gē ròu – to cut flesh; here it means to do operations

[321] 关公 – Guāngōng – name, refers to 关羽 (Guān Yǔ), or style name 关云长 (Guān Yúncháng) (160 – 219), a military general under the warlord 刘备 (Liú Bèi) during the late Eastern Han Dynasty and Three Kingdoms period in ancient China.

[322] 刮骨 – guā gǔ – scrape off (poison on) the bone

关公刮骨 – cited from famous allusion in Three Kingdoms. During a siege on 樊城 (Fánchéng), Guan Yu's arm was wounded by a bolt. The arrow was promptly removed but the poison smeared on the arrowhead had already seeped through the wound into Guan's arm. The famous physician 华佗 (Huà Tuó) diagnosed that he needed to perform surgery on Guan's arm by cutting open the flesh and scraping off traces of poison on the bone. Hua also suggested that Guan be blindfolded and have his arm secured tightly because the surgery would be performed in the absence of anesthesia and most patients were unable to bear with the excruciating pain. However, Guan requested that the surgery be performed on the spot and he proceeded to continue a game of Wéiqí (围棋, also known as Go) with Liu Bei's advisor 马良 (Mǎ Liáng) during the surgery. Throughout the surgery, those watching nearby cringed as they watched the gory scene before them, but Guan remained calm and did not show any sign of pain at all. Eventually, Hua managed to heal Guan's wound and sewed it up after applying medication and then left without accepting any reward.

[323] 固 – gù – surely; definitely; of course

[324] 属 – shǔ – to be; is; are; to belong to

[325] 英武 – yīngwǔ – brave and strong

[326] 冤苦 – yuān kǔ – injustice (冤) and misery (苦)

[327] 堪受 – kān shòu – to bear; to stand; to endure

[328] 乞救 – qǐ jiù – to hope (乞) to be saved by (救)

[329] 吗啡 – mǎfēi – morphine

[330] 野鬼 – yěguǐ – wild ghost; wandering ghost

书不知。亲戚[338]骨肉[339]历久[340]不投生者尽于数月[341]间陆续[342]而去，岂产者独盛[343]于今年，故尽[344]去充数[345]耶？不可解也。杏儿之后能上乩者仅留[346]萼贞一人，若斯言[347]果确[348]，则扶鸾[349]之举[350]自此[351]止矣。"

读此节不禁黯然[352]。《望杏楼志痛编补》一卷为我所读过的最悲哀的书之一，每翻阅[353]辄[354]如此想。如有大创痛[355]人，饮[356]吗啡[357]剂[358]以为良效[359]，而此剂者乃系家[360]中煮糖而成[361]，路人旁观[362]亦哭笑不得[363]。

---

[331] 乩 – jī – to divine

[332] 报 – bào – to report; to inform

[333] 萼贞 – Èzhēn – name

[334] 投生 – tóu shēng – to be reborn; to be reincarnated in a new body

[335] 书 – shū – to write

[336] 城中 – chéngzhōng – in the city

[337] 姓氏 – xìngshì – surname

[338] 亲戚 – qīnqī – relatives; directly-related members of one's family

[339] 骨肉 – gǔròu – one's own flesh (骨) and blood (肉); one's blood-relation

[340] 历久 – lì jiǔ – (古文) for a long time; through a long time

[341] 数月 – shù yuè – several (数) months (月)

[342] 陆续 – lùxù – constantly; continuously; continually; all the time; one after another

[343] 独盛 – dú shèng – only (独) abundant (盛)

[344] 尽 – jìn – all

[345] 充数 – chōngshù – to make up the number; to join to make complete

[346] 仅留 – jǐn liú – (古文) only (仅) let…stay (留)

[347] 斯言 – sī yán – (古文) these (斯) words (言)

[348] 果确 – guǒ què – (古文) really (果) true (确)

[349] 扶鸾 – fú luán – synonym for 扶乩 (See Footnote 197)
鸾 – a mythical bird like the phoenix; it's believed that this mythical bird will appear when a celestial comes

[350] 举 – jǔ – act

[351] 自此 – zì cǐ – since then

[352] 黯然 – ànrán – dejected; downcast; low-spirited; sad

[353] 翻阅 – fānyuè – to read; to look over; to look through

[354] 辄 – zhé – always; often

[355] 创痛 – chuāngtòng – the pain from the wound

[356] 饮 – yǐn – to drink

自己不信有鬼，却喜谈鬼，对于[364]旧生活里的迷信且大有同情[365]焉[366]，此可见不佞之老[367]矣，盖老朽[368]者[369]有些渐益[370]苛刻[371]，有的亦渐益宽容[372]也。

廿三年四月

---

[357] 吗啡 – mǎfēi – morphine

[358] 剂 – jì – dose

[359] 良效 – liáng xiào – (of medicine) good (良) effect (效)

[360] 系家 – xì jiā – an old and noble family; an aristocratic family

[361] 煮糖而成 – zhǔ táng ér chéng – made (成) from boiling (煮) sugar (糖)
　　　而 is a structural word used between two verbs to show the order of the two actions

[362] 旁观 – pángguān – to look on

[363] 哭笑不得 – kūxiào-bùdé – (成语) find something both funny and annoying; be at a loss whether to cry or laugh

[364] 对于 – duìyú – in regard to; as to; for

[365] 同情 – tóngqíng – to sympathize with; to show sympathy for

[366] 焉 – yān – (古文) an auxiliary word used at the end of a sentence

[367] 不佞之老 – bù nìng zhī lǎo – I'm old.
　　　不佞 – (古文) I, a self-depreciatory expression
　　　之 – (古文) auxiliary word used between a subject and a predicate

[368] 老朽 – lǎoxiǔ – (古文) my old and worthless self, a self-depreciatory expression

[369] 者 – zhě – (古文) person; people

[370] 渐益 – jiàn yì – gradually (渐) increase (益)

[371] 苛刻 – kēkè – harsh; stern; strict

[372] 宽容 – kuānróng – to tolerate; to be lenient; to forgive

《Guǐ de Shēngzhǎng》

Guānyú guǐ de shìqíng wǒ píngcháng hěn xiǎng zhīdao. Zhīdaole yǒu shénme hǎochù ne? Nà yě wèibì yǒu, dàyuē shízài yě zhǐshì hàoqí bàle. Gǔrén yún, wéi shèngrén néng zhī guǐshén zhī qíngzhuàng, nàme zhè jiàn shì kějiàn bù shì róngyì bàndào de, zì huì shǎo bù nòng dàoxué, cǐ lù yǐ shì bù tōng, zhǐhǎo fāhuī yī diǎn kǎojù xuǎn, cóng gǔjīn rén de jìlù li qù zhǎoxún cáiliào, huòzhě nénggòu jiànjiē de kuījiàn bǎiyī yì wèi kě zhī. Dànshì qiān-bǎi nián lái yǐ fēi yī rì, zǎi jí hàorú-yānhǎi, ménwài mōsuǒ, bù dé xiàng wěi, érqiě guǐ jiè de wèntí sìhū yě duōdehěn, jìn gòu yánjiūyuàn li xiānshengmen yīshēng de jiǎntǎo, wǒ zhèli zhǐ tíchū yī gè tímù, jí shàngmiàn suǒ shuō de guǐ zhī shēngzhǎng, gūqiě dàtí-xiǎozuò, lüè chén guǎn jiàn, rán hòu míng jiào.

Rén sǐhòu wéi guǐ, guǐ zài yīnjiān huò qítā dìfāng jiūjìng shìfǒu yī niánnián de zhàocháng shēngzhǎng, zhè shì yī gè wèntí. Qí jiějué fǎ yǒu èr. Yī shì gēnjù wǒmen zhèzhǒng lǎowángù de wú guǐ lùn, nà wèimiǎn wénbù-duìtí, érqiě yě tài shā fēngjǐng, qícì shì pǔtōng de yǒu guǐ lùn, yǒu guǐ cái yǒu shēngzhǎng yǔfǒu zhè wèntí fāshēng, suǒyǐ guīgēn-jiédǐ jiějué hái zhǐyǒu zhè wéiyī yī fǎ. Ránér yǒu guǐ suī wéi yībān xìnshì de dìnglùn, ér qí shēngzhǎng yǔfǒu què yánrén-rénshū, mòzhōng-yīshì. Qīng Jì Yún 《Rúshì Wǒ Wén》 juàn sì yún:

"Rén Zǐtián yán, qí xiāng yǒu rén yè xíng, yuèxià jiàn mù dào sōngbǎi wèn yǒu liǎng rén bìng zuò, yī nánzi nián yuē shíliù-qī, sháoxiù kě'ài, yī fùrén báifà chuí xiàng, gōulóu xié zhàng, sì qī-bāshí yǐshàng rén, yǐ jiān xiào yǔ, yì ruò shèn xiāng yuè, qiě yà hé wù yín yù, nǎi yǔ shàoniánr xiánnì, xíng shāo jìn, rǎnrǎn ér miè. Cìrì xún shì shuí jiā zhǒng, shǐ zhī mǒu zǎonián yāozhé, qí fù shuāng shǒu wǔshí yú nián, mò ér hé biǎn yú shì yě."

Zhào zhèyàng shuō, guǐ shì bùhuì shēngzhǎng de, tā de róngmào niánjì biàn yǐ sǐ de shíhou wéi zhǔn. Bùguò zǐxì xiǎng qǐlái, qíjiān yǒu xǔduō bù fāngbiàn de shìqíng, rú shào fū lǎo qī jí shì qí yī, cǐwài zé zǐ lǎo fù yòu, yīzhào lǐfǎ wēnqīng-dìngxǐng suǒ bù kě fèi, wéi érzi zhě shíyǒu jié xiá nán dāng zhī shì, shèn kěmǐn yě. Yòu rú shìjiān fǎ bù jìn zài hūn, pín rú wéi zōng sì ér xù xián, sǐhòu biàn yǒu hǎo jǐ fáng fúyǎng de zérèn, zé cǐ lǎowēng yì dà kě niàn, zài jiào fù zhào sú xìn yīng jù ér fēn zhī, qiánfū dé cǐ yī piàn lǎo qū, gèng jiāng hé suǒ yòng zhī yě. Sòng Shào Bówēn 《Wén Jiàn Lù》 shíbā yún:

"Lǐ fūren shēng Kāngjié gōng, tóng duò yī sǐtāi, nǔ yě. Hòu shí yú nián, fūren bìng wò, jiàn yuèsè zhōng yī nǔzǐ bài tíng xià, qì yuē, mǔ bù chá, yōngyī yǐ yào dú ér, kě hèn. Fūren yuē, mìng yě. Nǔ yuē, ruò wéi mìng, hé xiōng dú shēng? Fūren yuē, rǔ sǐ xiōng dú shēng, nǎi mìng yě. Nǔzǐ tì qì ér qù. Yòu shí yú nián, fūren zài jiàn nǔzǐ lái qì yuē, yī wéi yōngyī suǒ wù, èrshí nián fāng dé shòu shēng, yǔ mǔ yuán chóng, gù xiāng bié. Yòu tì qì ér qù."

---

周作人                                                               **161**

Qǔyuán xiānsheng 《*Chá Xiāng Shì Cóng Chāo*》 juàn bā yǐn cǐ wén, àn yǔ yún:

"Cǐ shì shèn yì, cǐ nǚzǐ jì zài mǔ fù zhōng sǐ, yī wú zhī shí zhī xuè ròu ěr, nǎi sǐhòu shí yú nián biàn néng bài néng yán, qǐ sǐhòu yì rú zài rénjiān yǔ nián jù zhǎng hū?"

Jù wǒ kànlái, zhǔn Shào shì 《*Wén Jiàn Lù*》 suǒ shuō, guǐ de yǔ nián jù zhǎng què wú yí yì, jiǎrú zhào zhè gè shuōfǎ, Jǐ Wéndá suǒ jì de nà nián yuē shíliù-qī de nánzi yīnggāi gǎi wéi qīshíjǐ suì de lǎowēng, zhèyàng yīlái nà piān gùshì biàn bù chénglì, yīnwèi qī-bāshí yǐshàng de wēng ǎo zài yuèxià tánxīn, suīrán yě wèimiǎn shì "mǎ chǐ zhǎng ér tóng xīn shàng zài", què bìng bù zěnme de kě yà le. Háiyǒu yī céng, guǐ kě jiàn rén ér rén bù jiàn guǐ, zuìhòu sōngbǎi jiān xiāng jiàn, wēng guǐ gùrán rèn de ǎo, dànshì ǎo guǐ nàshí rú wú rén zài wéi jièshào, kǒngpà bù róngyì rènshí tā de wǔshí yú nián qián de liángrén le ba. Shào Jì'èr shuō gè yǒu duǎn cháng, wǒmen fánrén shū nán bié zé, dàyuē zhǐhǎo liǎng cún zhī ba, ér guǐ zài yīnjiān shìfǒu yě shì fēndào-yángbiāo, gèzì qù shēngzhǎng huò bù shēngzhǎng ne, nà jiù bùdé-érzhī le. Guǐ bù shēngzhǎng shuō sì pǔtōng, shēngzhǎng shuō shāo qí, dàn wǒ què yě zhǎodào biéde cáiliào, kěyǐ cānzhèng. 《*Wàngxínglóu Zhì Tòng Biān Bǔ*》 yī juàn, Guāngxù Jǐ-Hài nián kān, Wúxī Qián Hècén zhù, gài wéi qí zǐ Xìngbǎo jìniàn zhě, zhèng biān xī bù kě dé. Bǔ biān zhōng yǒu 《*Jǐ Tán Rìjì*》, jì yǔ qí zǐnǚ bǐ tán, qí sān zǐ Dǐngbǎo shēng yú Yǐ-Mǎo sì xún ér shāng, sì zǐ Xingbǎo shēng yú Xīn-Jǐ shí'èr suì ér shāng, sān nǚ Yuèzhēn shēng yú Dīng-Hài wǔ rì ér shāng, jiē lái xià tán. Jì yún:

"Bǐng-Shēn shí'èr yuè èrshíyī rì wǎn, Xìngbǎo shǐ lái. Wèn rǔ qù shí shí'èr suì, jīn shēn qū jiācháng hū? Yuē, zhǎng."

Yòu yún:

"Dīng-Yǒu zhēngyuè shíliù rì, zǎo qǐ fújī, zé xiānxiōng Yùnzhú yǔ Rùnmèi Xìngbǎo jiē zài. Wèn xiānxiōng shìshì shí nián fāng èrshíliù, jīn wǔshí yú yǐ, róngyán yì lǎo hū? Yuē, lǎo. Yǐ liú xū hū? Yuē, liú."

Yóucǐ-kězhī guǐ zhī yǔ nián jù zhǎng, yǔ rén wú yì. Yòu yǒu shù jié yún:

"Zhēngyuè èrshíjiǔ rì, wèn jǐ suì yǒu zhīshi hū? Yuē, sān suì. Wèn shí rǔ jǐ nián? Yuē, sān nián." (Cǐ xì wèn Dǐngbǎo.)

"Sān yuè èrshíyī rì, Rùnmèi dào. Wèn yǒu shì hū? Yuē, yǒu xǐshì. Hé xǐ? Yuē, sì yuè chū sì rì Xìngbǎo qǔ fù. Wèn fù nián jǐ hé? Yuē, shísān. Wèn qǐng wúbèi chī xǐjiǔ hū? Yuē, bù. Rǔ qù hū? Yuē, qù. Yào sòng hè yí hū? Yuē, yào. Wèn Dǐngbǎo qǔ fù hū? Yuē, qǔ. Chǎn zǐnǚ fǒu? Yuē, èr zǐ yī nǚ."

"Wǔ yuè èrshíjiǔ rì, wèn Xìng'ér rǔ fù Shānnán hǎo fǒu? Yuē, yǒu xǐ. Gài yǐ huáiyùn yě. Xǐ jiàn yú hé yuè? Yuē, wǔ yuè. Hé yuè dāng chǎn? Yuē, liù yuè. Yīn wèn xiānxiōng, rén shí yuè ér shēng, guǐ jiē sān yuè ér chǎn hū? Yuē, shì. Guǐ yǔ rén zhī bùtóng rú shì, yí nǚ nián shíyī ér kě jià yě."

"Liù yuè shí'èr rì, wèn cìnǔ Yīngkē, zǐnǔ tóng lái jǐ rén? Xìng'ér dài dá yuē, shí rén. Yú dà jīng yǐwéi wù, fǎn fù jié zhī, dá rú gù. Hū Rùnmèi wèn zhī, yán yǔ Xìng'ér tóng. Wèn jià cái wǔ nián, hé dé chǎn xǔduō, qǐ yī nián chǎn jǐ cì hū? Yuē, shì. Yú shǐ zhī guǐ yǔ rén jiǒngbié, jǐ yǔ māo dà wú yì, qián wén Xìng'ér qǔ fù shíyī suì, yǐwéi wú cǐ shì, jīn hé ér guān zhī, guǐ gù bù kě yǐ rén lǐ cè yě."

"Shíjiǔ rì, wèn Xìng'ér, Shòuchūn shūzǔ xiàn zài fǒu? Yuē, sǐ. Sǐ jǐ nián yǐ? Yuē, sān nián. Sǐhòu yì yòng guānmù zàng hū? Yuē, yòng. Zhì cǐ shǐ zhī guǐ yì sǐ, gǔrén wèi guǐ sǐ yuē jiàn, xìn yǒu zhī, gài yīnjiān suǒ chǎn zhě jí jiàn suǒ tóu yě."

Yǐshàng gè jié duìyú guǐ zhī hūn sāng shēng sǐ zhū shì xī yǒu suǒ fāmíng, kě wéi guǐ de shēnghuó zhì zhī cáiliào, hěn kě zhēnzhòng.

Mínguó èrshí'èr nián chūnyóu Chǎngdiàn, yú dìtān dé cǐ cè, bái zhǐmù huózì, mòbǐ xiàozhèng, qīngyǎ kě xǐ, 《Jī Tán Rìjì》 jí 《Bǔ Bǐ》 zuì yǒu yìsi, jì shù dìxià qíngxíng pōwéi xiángxì, yīn lù zhī duǎn bù jí duō chāo, zhèngbiān wèi dédào suī yì kěxī, dàn dāng wú jī tán jì shì, zé jiàzhí yì shǎo jiǎn ěr. Wú dú cǐ biān, juéde Shào shì zhī shuō yǐ yǒu fùshǔ, ránzé guǐ zhī shēngzhǎng zhèng yì wèi kě fǒurèn yú.

Wǒ bù xìn guǐ, ér xǐhuān zhīdao guǐ de shìqíng, cǐ shì yī dà máodùn yě. Suīrán, wǒ bù xìn rén sǐ wéi guǐ, què xiāngxìn guǐ hòu yǒu rén, wǒ bù dǒng shénme shì èr qì zhī liáng néng, dàn guǐ wéi shēng rén xǐ jù yuànwàng zhī tóuyǐng zé dāng bù miù yě. Táogōng qiāngǔ kuàngdá rén, qí 《Guī Yuán Tián Jū》 yún: "rénshēng sì huàn huà, zhōng dāng guī kōng wú", 《Shén Shì》 yún: "yīng jìn biàn xū jìn, wú fù dú duō lù", zài 《Nǐ Wǎngē Cí》 zhōng zé yún: "yù yǔ kǒu wú yīn, yù shì yǎn wú guāng, xī zài gāotáng qǐn, jīn xiǔ huāngcǎo xiāng", Táogōng yú shēng sǐ qí shàng yǒu míliàn, qí rúcǐ shuō yú wén cí shàng gù yì dàyǒu qíngzhì, dàn yǐ shēngqián de gǎnjué tuīxiǎng sǐhòu kuàng wèi, zhèng yì rénqíng-zhīcháng, chū yú zìrán zhě yě. Chángrén gèng zhízhuó yú shēngcún, duìyú zìjǐ jí suǒ qīn zhī yìrán ér miè, bù néng xìn yì bù yuàn xìn qí miè yě, gù zhǒngzhǒng shèxiǎng, yǐwéi bì jìxù cúnzài, qí cúnzài zhī zhuàngkuàng zé yīn rénmín dìfāng yǐzhì gèzì de hàowù ér shāoshāo shū yì, wú suǒ zuòwéi ér zìrán liúlù, wǒmen tīng rén shuō guǐ shí jí děngyú tīng qí tánxīn yǐ. Gài yǒu guǐ lùn zhě yōuhuàn de rénshēng zhī yǎpiànyān, rén duìyú zuì dà de bēi'āi yǔ kǒngbù zhī wúkě-nàihé de wèijiè, "fēngliú shì nǔ kě yǐ xù wèiliǎo-zhīyuán, zhuàngliè yīngxióng zé yuē èrshí nián hòu yòu shì yī tiáo hǎohàn". Xiāngxìn wéiwùlùn de biàn yǒu huò le, rú jīngshén juéjiàng de rén mázuìyào bù líng, zhǐhǎo xǐngzhe gē ròu. Guāngōng guā gǔ gù shǔ yīngwǔ, rán shí yì yuān kǔ, fēi fánrén suǒ néng kān shòu, cè qí qǐ jiù yú mǎfēi zhě duō, wú zú guài yě. 《Jī Tán Rìjì》 yún:

"Bā yuè chū yī rì, yěguǐ shàng jī, bào Èzhēn tóu shēng. Wèn hé rì, shū qī yuè sānshí rì. Wèn hé dì, yuē, chéngzhōng. Wèn qí xìngshì, shū bù zhī. Qīnqī gǔròu lì jiǔ bù tóushēng zhě jìn yú shù yuè jiān lùxù ér qù, qí chǎn zhě dú shèng yú jīn nián, gù jìn qù chōngshù yé? Bù kě jiě yě. Xìng'ér zhīhòu néng shàng jī zhě jīn liú Èzhēn yī rén, ruò sǐ yán guǒ què, zé fú luán zhī jǔ zì cǐ zhǐ yǐ."

Dú cǐ jié bù jìn ànrán. 《Wàng Xīng Lóu Zhì Tòng Biān Bǔ》 yī juàn wéi wǒ suǒ dúguò de zuì bēi'āi de shū zhīyī, měi fānyuè zhé rúcǐ xiǎng. Rú yǒu dà chuāngtòng rén, yǐn mǎfēi jì yǐwéi liáng xiào, ér cǐ jì zhě nǎi xì jiāzhōng zhǔ táng ér chéng, lùrén pángguān yì kūxiào-bùdé.

Zìjǐ bù xìn yǒu guǐ, què xǐ tán guǐ, duìyú jiù shēnghuó li de míxìn qiě dàyǒu tóngqíng yān, cǐ kě jiàn bù nìng zhī lǎo yǐ, gài lǎoxiǔ zhě yǒuxiē jiànyì kēkè, yǒude yì jiànyì kuānróng yě.

Niànsān nián sì yuè

林语堂

# Introduction to Lin Yutang

Lin Yutang was one of the most influential writers in China during the 20th century. He was both an author and inventor. Lin was born in October 10, 1895 in a small town in Fujian. He loved his small town and drew much inspiration from it. He once mentioned that the perfect example of hell is a city apartment. The mountains deeply influenced his character and upbringing. Lin was next to the last of a Presbyterian minister's twelve children.

Lin acquired his bachelor's degree in Shanghai at St. John's University. Shortly after graduating, he married Lin Tsuifeng (林翠凤) and went to Harvard University on a half-scholarship to pursue a master's degree. During his stay, he devoted most of his time inside the Widener's library while pursuing his doctorate in comparative literature. He left Harvard earlier than planned due to financial constraints and moved to France to teach Chinese laborers to read and write. In 1932, Lin and his wife moved to Germany where he finished his doctorate in Linguistics at the University of Leipzig. He returned to China as a certified language professor and served tenure at Peking National University (1923-1926) and the Dean of Women's Normal College (1926).

Perhaps, the most notable contribution of Lin Yutang to China was his translations of selected Chinese literature to English. He brought Chinese classics and introduced them to Western readers for the first time. He tried to close the cultural gap between the two countries through his writing prowess. He wrote a total of 35 books in both Chinese and English. Lin Yutang was also an inventor. When most people thought a Chinese typewriter was impossible, Lin proved them wrong. His love of mechanics motivated him to invent the first Chinese typewriter, known as the Ming Kwai typewriter (明快打字机).

His translations became quite popular in the United States. Two of his novels, written in English, helped to bridge the cultural gap

between China and the West. They were *My Country and My People* (1935) and *The Importance of Living* (1937). Both books were written under the behest of Pearl Buck (Pulitzer Prize Winner, 1932) who is famous for her book, *The Good Earth*. Lin's first book was a New York Times bestseller. Lin was the first Chinese author to reach the number one spot. He also authored *Between Tears and Laughter* (1943), *The Importance of Understanding* (1960), *The Chinese Theory of Art* (1967), and the novels, *Moment in Peking* (1939) and *The Vermillion Gate* (1953).

His writing voice was very appealing to the masses. Lin wrote in a humorous yet intelligent tone, which was easy for everyone to understand. He quickly gained a widespread audience. He wrote boldly, without inhibitions, and full of substance. He supported the May Fourth Movement and fought for language reform. He wrote rebellious essays against the ruling government. Lin despised government inefficiency and corruption. He encouraged his readers to stand up for themselves and refuse abuse. The public loved him. Lin was their epitome of individual freedom.

His direct criticisms towards General Zhang Zhou, whom he called 'Dogmeat General', earned him a spot on the list of target intellectuals. General Zhang chased Lin out of Beijing. Lin's family fled to Xiamen (厦门) where Lin continued writing with his colleagues. They published a journal focused on societal issues called *China Critic*. He also produced satirical magazines, *The Analects Fortnightly* (1932), *This Human World* (1934) and *Cosmic Wind* (1936). He remained to be a prolific writer for the next 30 years.

In the 1960s, he wrote a number of novels and revised Chinese texts. Lin structured and published the first Chinese-English dictionary in 1973. Two years later, he penned his *Memoirs of an Octogenarian*. Due to his exemplary works, he was nominated for the 1975 Nobel Prize in literature. The last years of his life were spent in Taiwan and in Hong Kong. Lin died of a heart failure in Hong Kong at the age of 80 on March 26, 1976. His remains were buried in Yangmingshan, Taipei, Taiwan.

# My Turn at Quitting Smoking
## 《我的戒烟》
## 《Wǒ de Jièyān》

*My Turn at Quitting Smoking* was first published in 1932 in a publication called *Discussions* 《论语》 第六期.  In this essay, Lin Yutang uses a natural writing style with simple, but effective logic to argue the idea that quitting smoking can damage the soul.  He explains that quitting smoking is equivalent to sacrificing an easy and carefree life for the soul (灵魂的清福).  Moreover, he argues that quitting smoking especially when done so just for the sake of other people's opinion can lead to a change in temperament and will destroy the body. Lin Yutang describes his personal effort at quitting smoking as proof for his argument.

Lin Yutang is remembered for his carefree and humorous approach to life. He frequently wrote and argued for people to take a simple approach to life and to enjoy life's finer parts such as loafing, smoking, and vacationing. He is remembered for his quote, "the busy man is never wise, and the wise man is never busy." Through this essay, one can grasp part of his philosophy on life.

《我的戒烟<sup>1</sup>》

凡<sup>2</sup>吸烟的人，大部曾在一时<sup>3</sup>糊涂<sup>4</sup>，发过宏愿<sup>5</sup>，立志<sup>6</sup>戒烟，在相当期内<sup>7</sup>与此烟魔<sup>8</sup>决一雌雄<sup>9</sup>，到了十天半个月之后，才自醒悟<sup>10</sup>过来。我有一次也走入歧途<sup>11</sup>，忽然高兴戒烟起来，经过三星期之久，才受良心责备<sup>12</sup>，悔悟<sup>13</sup>前非<sup>14</sup>。我赌咒<sup>15</sup>着，再不颓唐<sup>16</sup>，再不失检<sup>17</sup>，要老老实实<sup>18</sup>做吸烟的信徒<sup>19</sup>，一直到老耄<sup>20</sup>为止<sup>21</sup>。到那时期，也许会听青年会俭德会<sup>22</sup>三姑六婆<sup>23</sup>的妖言<sup>24</sup>，把它戒绝<sup>25</sup>，因为一人到此时候，总是

---

<sup>1</sup> 戒烟 – jièyān – to give up (戒) smoking (烟)

<sup>2</sup> 凡 – fán – all

<sup>3</sup> 一时 – yīshí – for the moment

<sup>4</sup> 糊涂 – hútu – muddy; bewildered

<sup>5</sup> 宏愿 – hóng yuàn – noble ambition; great (宏) aspiration (愿)

<sup>6</sup> 立志 – lìzhì – to aim to do something; to be bent to; to be determined to; to make up one's mind

<sup>7</sup> 在相当期内 – zài xiāngdāng qī nèi – within (在…内) quite (相当) a period (期)

<sup>8</sup> 烟魔 – Yān Mó – Monster (魔) of Smoke (烟)

<sup>9</sup> 决一雌雄 – juéyī-cíxióng – (成语) to fight it out

<sup>10</sup> 醒悟 – xǐngwù – to wake up to reality

<sup>11</sup> 走入歧途 – zǒurù qítú – to go astray; to enter a wrong path

<sup>12</sup> 良心责备 – liángxīn zébèi – to have a guilty (责备) conscience (良心)

<sup>13</sup> 悔悟 – huǐwù – to show repentance to one's error; awake to one's errors

<sup>14</sup> 前非 – qiánfēi – former (前) mistake (非)

<sup>15</sup> 赌咒 – dǔzhòu – to swear one's truthfulness to some deity, to call for the latter's punishment for prevarication

<sup>16</sup> 颓唐 – tuítáng – dejected; dispirited

<sup>17</sup> 失检 – shījiǎn – indiscretion; unrestrained

<sup>18</sup> 老老实实 – lǎolǎo-shíshí – honest; frank; well-behaved

<sup>19</sup> 信徒 – xìntú – disciple; believer; follower

<sup>20</sup> 老耄 – lǎomào – octogenarian; the aged

<sup>21</sup> 为止 – wéizhǐ – until

<sup>22</sup> 俭德会 – Jiǎndé Huì – Community (会) of Frugality (俭) and Morality (德)

<sup>23</sup> 三姑六婆 – sāngū-liùpó – (成语) women whose professions are either illegitimate or disreputable; a bevy of strolling women

<sup>24</sup> 妖言 – yāoyán – fallacy; heresy

神经薄弱[26]，身不由主[27]，难代负责[28]。但是意志[29]一日存在，是非[30]一日明白时，决不会再受诱惑[31]。因为经过此次的教训[32]，我已十分明白，无端[33]戒烟断绝[34]我们灵魂[35]的清福[36]，这是一件亏负[37]自己而无益于[38]人的不道德行为[39]。据英国生物化学[40]名家夏尔登[41]教授[42]说，吸烟为人类[43]有史以来[44]最有影响于人类生活的四大发明之一[45]。其余[46]三大发明之中，记得有一件是接猴腺[47]青春不老之新术[48]。此是题外[49]不提[50]。

---

[25] 戒绝 – jièjué – to give up (戒) completely (绝)

[26] 神经薄弱 – shénjīng bóruò – weak in spirit; weak will

[27] 身不由主 – shēnbù-yóuzhǔ – (成语) reluctant; involuntary; unwilling

[28] 难代负责 – nán dài fùzé – hard (难) to be responsible (负责) for one's own (代)

[29] 意志 – yìzhì – will; determination; willpower

[30] 是非 – shìfēi – right and wrong; white and black

[31] 诱惑 – yòuhuò – entice; tempt; seduce; allure

[32] 教训 – jiàoxùn – lesson (from one's experience and errors)

[33] 无端 – wúduān – unprovoked; for no reason at all

[34] 断绝 – duànjué – to break off; to dissociate; to stop

[35] 灵魂 – línghún – soul; spirit

[36] 清福 – qīngfú – easy and carefree life

[37] 亏负 – kuīfù – to let someone suffer; to let someone down

[38] 益于 – yì yú – to benefit

[39] 行为 – xíngwéi – action; behavior; conduct

[40] 生物化学 – shēngwù huàxué – biology (生物) and chemistry (化学)

[41] 夏尔登 – Xià'ěrdēng – John Burdon Sanderson Haldane (1892~1964), a British-born Indian geneticist and evolutionary biologist, one of the founders (along with Ronald Fisher and Sewall Wright) of population genetics

[42] 教授 – jiàoshòu – professor

[43] 人类 – rénlèi – mankind; humanity

[44] 有史以来 – yǒushǐ-yǐlái – throughout history; since the beginning of the history

[45] 之一 – zhīyī – one of

[46] 其余 – qíyú – the rest

[47] 猴腺 – hóu xiàn – monkey (猴) gland (腺)

[48] 新术 – xīn shù – new (新) technology (术)

[49] 题外 – tíwài – digression; mention in passing

[50] 不提 – bù tí – not mention it; not discuss it here

在那三星期中，我如何[51]的昏迷[52]，如何的懦弱[53]，明知于自己的心身有益[54]的一根[55]小小香烟，就没有胆量[56]取来享[57]用，说来真是一段丑史[58]。此时事过境迁[59]，回想起来，倒莫明[60]何以[61]那次昏迷一发发到三星期。若把此三星期中之心理历程[62]细细叙述[63]起来，真是罄竹难书[64]。自然，第一样，这戒烟的念头[65]，根本[66]就有点糊涂。为什么人生世上要戒烟呢？这问题我现在也答不出。但是，我们人类的行为，总常是没有理由的，有时故意要做做不该做的事，有时处境[67]太闲[68]，无事可做，故意降大任于己身[69]，苦其筋骨[70]，饿其体肤[71]，空乏其身[72]，把自己的

---

[51] 如何 – rúhé – how

[52] 昏迷 – hūnmí – stupor; coma; muddled

[53] 懦弱 – nuòruò – cowardly; weak

[54] 有益 – yǒuyì – profitable; beneficial; useful

[55] 根 – gēn – quantifier used to denote numbers of cigarettes

[56] 胆量 – dǎnliàng – courage; guts; pluck; bravery; boldness

[57] 享 – xiǎng – to enjoy

[58] 一段丑史 – yī duàn chǒu shǐ – a period of (一段) shameful history (丑史)

[59] 事过境迁 – shìguò-jìngqiān – (成语) the events (事) have passed (过) over time and all of the situations (境) have changed (迁)

[60] 莫明 – mòmíng – ineffable; unexplainable

[61] 何以 – hé yǐ – how; why

[62] 心理历程 – xīnlǐ lìchéng – mental (心理) process (历程)

[63] 细细叙述 – xìxì xùshù – carefully (细细) narrate (叙述)

[64] 罄竹难书 – qìngzhú-nánshū – (成语) difficult (难) to make a complete record (书) even all (罄) of the bamboo slips (竹) are used; (of negative things) too numerous to record completely

[65] 念头 – niàntóu – thought; idea; intention

[66] 根本 – gēnběn – at root; fundamentally; essentially

[67] 处境 – chǔjìng – plight; circumstance

[68] 闲 – xián – free; leisure; not busy

[69] 故意降大任于己身 – gùyì jiàng dà rèn yú jǐ shēn – intentionally (故意) place (降) a great (大) responsibility (任) on (于) me (己身)

[70] 苦其筋骨 – kǔ qí jīn gǔ – let his/her (其) muscles (筋) and bones (骨) suffer (苦)

[71] 饿其体肤 – è qí tǐ fū – let his/her (其) body (体) and skin (肤) suffer from hunger (饿)

[72] 空乏其身 – kōng fá qí shēn – empty (空) and tire (乏) his/her (其) body (身); let him/her expose to poverty

天性[73]拂乱[74]一下，预备做大丈夫[75]罢？除去[76]这个理由，我想不出当日何以想出这种下流[77]的念头。这实有点像陶侃之运甓[78]，或是像现代人的健身运动[79]——文人学者无柴可剖[80]，无水可吸，无车可拉，两手在空中无目的[81]的一上一下，为运动而运动，于社会工业之生产，是毫无[82]贡献[83]的。戒烟戒烟，大概就是贤人[84]君子[85]的健灵运动[86]罢。

---

[73] 天性 - tiānxìng - innate quality; nature

[74] 拂乱 - fúluàn - to disturb; to harass; to stimulate

[75] 大丈夫 - dàzhàngfu - true man. This whole sentence is cited from Mèngzi's (Mencius 孟子) very famous remark, the original version is:

故天将降大任于斯人也，必先苦其心志，劳其筋骨，饿其体肤，空乏其身，行拂乱其所为，所以动心忍性，曾益其所不能。

Gù tiān jiāng jiàng dà rèn yú sī rén yě, bì xiān kǔ qí xīn zhì, láo qí jīn gǔ, è qí tǐ fū, kōng fá qí shēn, xíng fú luàn qí suǒ wéi, suǒ yǐ dòng xīn rěn xìng, zēng yì qí suǒ bú néng.

When Heaven is about to place a great responsiblity on a great man, it always first frustrates his spirit and will, exhausts his muscles and bones, exposes him to starvation and poverty, harasses him by troubles and setbacks so as to stimulate his spirit, toughen his nature and enhance his abilities.

[76] 除去 - chúqù - besides; apart from

[77] 下流 - xiàliú - obscene; dirty; scurrilous

[78] 陶侃之运甓 - Táokǎn zhī yùnpì - (literally) Taokan moving bricks; to keep the difficulties and hardships in mind in peace time; cited from an allusion:

陶侃 (259-334CE), a prefectural superviser first in 荆州 (Jīngzhōu) and later transferred to the remote 广州 city (Guǎngzhōu) because some leaders doubted his efforts to recapture the Central Plains. In Guangzhou, he kept carrying (运) one hundred bricks (甓) from his study to his courtyard every morning and carrying them from his courtyard back to his study every evening. When asked why, he answered: "I'm working hard to recapture the Central Plains, so I shouldn't live a carefree life. What if the imperial court gives me an important task someday? I should exercise myself by carrying bricks every day."

[79] 健身运动 - jiànshēn yùndòng - body-building exercises

[80] 无柴可剖 - wú chái kě pōu - no (无) firewood (柴) that one can (可) chop (剖); no farming work to do

[81] 目的 - mùdì - purpose; aim; goal; objective

[82] 毫无 - háowú - not in the least; not

[83] 贡献 - gòngxiàn - contribution; sacrafice

自然，头三天[87]，喉咙[88]口里，以至[89]气管[90]上部，似有一种怪难堪[91]似痒非痒[92]的感觉。这倒易办[93]。我吃薄荷糖[94]，喝铁观音[95]，含[96]法国顶上的补喉糖片[97]。三天之内，便完全把那种怪痒克服[98]消灭[99]了。这是戒烟历程上之第一期，是纯粹[100]关于生理上的奋斗[101]，一点也不足为奇[102]。凡[103]以为戒烟之功夫只在这点的人，忘记吸烟魂灵上的事业[104]；此一道理不懂，根本就不配谈吸烟。过了三天，我才进了魂灵战斗[105]之第二期。到此时，我始恍然[106]明白，世上吸烟的人，本有两种，一种只是南郭[107]先生之徒[108]，以吸烟跟人凑热闹[109]而已。这些人之戒烟，是没

---

[84] 贤人 – xiánrén – a person of virtue

[85] 君子 – jūnzi – (in Confucian tradition) a person of noble character and integrity; a gentleman

[86] 健灵运动 – jiànlíng yùndòng – exercises (运动) to improve (健) one's soul (灵)

[87] 头三天 – tóu sān tiān – the first three days

[88] 喉咙 – hóulóng – throat

[89] 以至 – yǐzhì – so that; to such an extent as to

[90] 气管 – qìguǎn – trachea

[91] 难堪 – nánkān – intolerable

[92] 似痒非痒 – sìyǎng-fēiyǎng – seem to be itchy; 似…非…: seem to

[93] 易办 – yì bàn – easy to handle

[94] 薄荷糖 – bòhétáng – sweets made from mint

[95] 铁观音 – Tiěguānyīn – a kind of oolong tea

[96] 含 – hán – to hold in mouth

[97] 补喉糖片 – bǔ hóu tángpiàn – sugar-pill that keeps the throat healthy

[98] 克服 – kèfú – to conquer; to overcome; to surmount; to get over

[99] 消灭 – xiāomiè – to perish; to die out; to annihilate; to eliminate; to wipe out

[100] 纯粹 – chúncuì – purely; absolutely

[101] 奋斗 – fèndòu – to struggle; to strive

[102] 不足为奇 – bùzú-wéiqí – (成语) no wonder that; not at all suprised

[103] 凡 – fán – all

[104] 事业 – shìyè – cause

[105] 战斗 – zhàndòu – fight; combat

[106] 恍然 – huǎngrán – suddenly; immediately

[107] 南郭 - Nánguō - a person who simply makes up the number or holds a post without adequate qualifications; cited from a story in 《韩非子·内储说上》(Hánfēizǐ· Nèi chǔ shuō shàng):

有第二期的。他们戒烟，毫不费力[110]。据说，他们想不吸就不吸，名之为"坚强的意志[111]"。其实这种人何尝[112]吸烟？一人如能戒一癖好[113]，如卖掉一件旧服，则[114]其本非[115]癖好[116]可知。这种人吸烟，确是一种肢体[117]上的工作，如刷牙[118]，洗脸一类，可以刷，可以不刷，内心上没有需要，魂灵上没有意义的。这种人除了洗脸，吃饭，回家抱孩儿以外，心灵上是不会有所要求的，晚上同俭德会女会员的太太们看看《伊索寓言》[119]也就安眠[120]就寝了。辛稼轩[121]之词[122]，王摩诘[123]之诗，贝多芬[124]之

---

In ancient times, there lived a king who was fond of Yu (竽, yú, an ancient Chinese instrument) played by a band. Mr. Nanguo was not good at playing it at all. But he just stood in the line and pretended to play. The king didn't know he was faking. When the king died, his son became the new ruler. The new ruler preferred solos. He ordered the musicians to play the music one by one. This time Nanguo knew that he couldn't pass himself off. Then he sneaked away as fast as he could. The Chinese idiom, "滥竽充数" (lànyú-chōngshù, be there just to make up the number), comes from this story, in which "滥" means unpractical and "竽" is a musical instrument made of bamboos. 南郭先生 refers to those who just make up the number.

[108] 徒 – tú – clique; crowd
[109] 凑热闹 – còu rènào – to join in the fun
[110] 毫不费力 – háobù fèilì – without striking a blow; easily
[111] 坚强的意志 – jiānqiáng de yìzhì – strong (坚强) will (意志)
[112] 何尝 – héchàng – never; not that; used in an interrogative sentence to express a negative meaning. This sentence means: Actually, these people never (wanted to) smoke.
[113] 癖好 – pǐhào – addictive hobby
[114] 则 – zé – then
[115] 非 – fēi – no; not
[116] 癖好 – pǐhào – favorite hobby; fondness
[117] 肢体 – zhītǐ – limbs of one's body
[118] 刷牙 – shuāyá – to brush one's teeth
[119] 伊索寓言 – Yīsuǒ Yùyán – Aesop's Fables
[120] 安眠 – ānmián – to sleep peacefully
[121] 辛稼轩 – Xīn Jiàxuān – (1140-1207 CE) famous Chinese poet, military leader, and statesman during the Southern Song dynasty
[122] 词 – cí – a form of classical poetry conforming to a definite pattern
[123] 王摩诘 – Wáng Mójié – (699－759 CE) Tang Dynasty Chinese poet, musician, painter, and statesman, one of the most famous men of arts and letters of his time.

乐，王实甫[125]之曲，是与他们无关的。庐山瀑布[126]还不是从上而下的流水而已？试问[127]读稼轩之词，摩诘之诗而不吸烟，可乎[128]？不可乎？

但是在真正懂得吸烟的人，戒烟却有一问题，全非俭德会男女会员所能料到[129]的。于我们这一派[130]真正吸烟之徒，戒烟不到三日，其无意义，与待己[131]之刻薄[132]，就会浮现[133]目前[134]，理智[135]与常识[136]就要问：为什么理由，政治上，社会上，道德上，生理上，或者心理上，一人不可吸烟，而故意要以自己的聪明埋没[137]，违背[138]良心[139]，戕贼[140]天性，使我们不能达到[141]那心旷神怡[142]的境地？谁都知道，作文者必精力[143]美

---

[124] 贝多芬 – Bèiduōfēn – Beethoven (1770-1827 CE), German composer, the greatest composer of his day

[125] 王实甫 – Wáng Shífǔ – (1250-1307? CE) successful Chinese dramatic playwright of the Yuan Dynasty. There are 14 plays attributed to Wang and only three are extant. His *Romance of the West Chamber* (西厢记 Xī xiāng jì) is considered the best and is still popular today

[126] 庐山瀑布 – Lú Shān pùbù – waterfall (瀑布) of Lushan Mountian (庐山)
庐山 is a one of the top ten famous mountains in China and is located in the northern part of Jiangxi Province

[127] 试问 – shìwèn – we should like to ask; may we ask

[128] 可乎 – kě hū – (古文) may

[129] 料到 – liàodào – to expect; to foresee; to anticipate

[130] 派 – pài – group; clique; kind

[131] 待己 – dài jǐ – treat (待) ourselves (己)

[132] 刻薄 – kèbó – cutting; harsh; caustic; mean

[133] 浮现 – fúxiàn – to emerge; to appear

[134] 目前 – mù qián – now; nowadays; today; at present

[135] 理智 – lǐzhì – intellect; reason; sense

[136] 常识 – chángshí – common sense; general knowledge

[137] 埋没 – máimò – to hide (one's talents)

[138] 违背 – wéibèi – to go against; to transgress; to infringe; to violate

[139] 良心 – liángxīn – conscience

[140] 戕贼 – qiāngzéi – to ruin; to injure; to undermine

[141] 达到 – dádào – to achieve; to attain; to reach; to amount to

[142] 心旷神怡 – xīnkuàng-shényí – (成语) pleasant; carefree and joyous

[143] 精力 – jīnglì – strength; power

满，意到神飞[144]，胸襟[145]豁达[146]，锋发韵流[147]，方[148]有好文出现，读书亦必能会神[149]会意[150]，胸中了无窒碍[151]，神游[152]其间[153]，方算是读。此种心境[154]，不吸烟岂可办到？在这兴会[155]之时，我们觉得伸手拿一枝烟乃惟一[156]合理的行为；若是把一块牛皮糖[157]塞入[158]口里，反为俗不可耐[159]之勾当[160]。我姑举[161]一两件事为证[162]。

我的朋友 B 君由北京来沪[163]。我们不见面，已有三年了。在北平[164]时，我们是晨昏[165]时常过从[166]的，夜间尤其[167]是吸烟瞎谈[168]文学、哲学[169]、现代美术以及[170]如何改造人间宇宙[171]的种种问题。现在他来了，

---

[144] 神飞 – shénfēi – in high spirit
[145] 胸襟 – xiōngjīn – mind; breath of mind
[146] 豁达 – huòdá – generous; open-minded
[147] 锋发韵流 – fēngfā-yùnliú – (成语)(of writing, etc.) forceful and smooth
[148] 方 – fāng – just
[149] 会神 – huìshén – focus
[150] 会意 – huì yì – understanding; knowing
[151] 窒碍 – zhì'ài – (古文) obstacle; barrier
[152] 神游 – shén yóu – to visit a place in one's imagination
[153] 其间 – qí jiān – in; between them
[154] 心境 – xīnjìng – state of mind; mental state
[155] 兴会 – xìnghuì – a sudden flash of inspiration; brain wave
[156] 惟一 – wéiyī – only; sole
[157] 牛皮糖 – niúpítáng – sticky candy
[158] 塞入 – sāirù – to fill into; to stuff into
[159] 俗不可耐 – súbù-kěnài – (成语) unbearably vulgar
[160] 勾当 – gòudàng – business or deal, usually referring to evil practice
[161] 举 – jǔ – to take an example; to give an example
[162] 证 – zhèng – evidence; proof; testimony
[163] 沪 – Hù – Abbreviation for Shanghai
[164] 北平 – Běipíng – the former name of Beijing
[165] 晨昏 – chén hūn – at dawn (晨) and dusk (昏); early morning and evening
[166] 过从 – guò cóng – in close association with someone
[167] 尤其 – yóuqí – particularly; especially
[168] 瞎谈 – xiā tán – to meander; to have a talk aimlessly
[169] 哲学 – zhéxué – philosophy
[170] 以及 – yǐjí – together with; and; as well as; along with

我们正在家里炉[172]旁叙旧[173]。所谈的无非是在平[174]旧友[175]的近况及世态的炎凉[176]。每到妙处[177]，我总是心里想伸一只手去取一枝香烟，但是表面上却只有立起[178]而又坐下，或者换换坐势[179]。B君却自自然然的一口一口的吞云吐雾[180]，似有不胜[181]其乐[182]之慨[183]。我已告诉他，我戒烟了，所以也不好意思当场[184]破戒[185]。话虽如此[186]，心坎[187]里只觉得不快，嗒然[188]若有所失[189]，我的神志[190]是非常清楚的。每回B君高谈阔论[191]之下，我都能答一个"是"字，而实际[192]上却恨不能[193]同他一样的兴奋[194]倾心[195]而谈。这样畸形[196]的谈了一两小时，我始终[197]不肯破戒，我的朋友就

---

[171] 人间宇宙 – rénjiān yǔzhòu – the universe of the mortals

[172] 炉 – lú – stove

[173] 叙旧 – xùjiù – to talk about (叙) the old days (旧)

[174] 平 – píng – abbreviation for Beiping

[175] 旧友 – jiù yǒu – old (旧) acquaintance or friend (友)

[176] 世态炎凉 – shìtài yánliáng – (成语) the heat (炎) and cold (凉) in the ways (态) of the world (世); inconsistancy of human relation ships; frickleness of friendship

[177] 妙处 – miàochù – wonderful (妙) place (处); a particularly interesting point

[178] 立起 – lìqǐ – to stand up

[179] 坐势 – zuòshì – sitting (坐) gesture (势)

[180] 吞云吐雾 – tūnyún-tǔwù – (成语) to blow a cloud; to give out smoke by smoking opium or cigar

[181] 不胜 – bù shèng – cannot stand; cannot endure; cannot endure

[182] 乐 – lè – happiness; joy; enjoyment

[183] 慨 – kǎi – (古文) emotion; a tinge of emotion

[184] 当场 – dāngchǎng – in the act; on the spot

[185] 破戒 – pòjiè – to break a rule

[186] 话虽如此 – huàsuī-rúcǐ – be that as it may

[187] 心坎 – xīnkǎn – the bottom of one's heart

[188] 嗒然 – dārán – despondent; dejected; depressed

[189] 若有所失 – ruòyǒu-suǒshī – (成语) as if something is lost; distracted

[190] 神志 – shénzhì – consciousness; mind; sense

[191] 高谈阔论 – gāotán-kuòlùn – (成语) to indulge in loud and empty talk; to talk volubly or bombastically; to harangue; to talk in a lofty strain; to speechify

[192] 实际 – shíjì – reality

[193] 恨不能 – hèn bù néng – vexed at not being able to; how one wishes one could

[194] 兴奋 – xīngfèn – excited; happy; glad

[195] 倾心 – qīngxīn – (do something) with all one's heart

告别[198]了。论"坚强的意志"与"毅力[199]"我是凯旋[200]胜利[201]者，但是心坎里却只觉得怏怏不乐。过了几天，B君途中[202]来信，说我近来不同了，没有以前的兴奋、爽快[203]，谈吐[204]也大不如前了，他说或者是上海的空气太恶浊[205]所致[206]。到现在，我还是怨悔[207]那夜不曾吸烟。

又有一夜，我们在开会，这会按例[208]每星期一次。到时聚餐[209]之后，有人读论文，作为讨论，通常总是一种吸烟大会。这回轮[210]着C君读论文。题目叫做《宗教[211]与革命》，文中不少诙谐语[212]。在这种扯谈[213]之时，室内的烟气一层一层的浓厚[214]起来，正是暗香[215]浮动[216]奇思涌发[217]之时。诗人H君坐在中间，斜躺椅[218]上，正在学放烟圈[219]，一圈一

---

[196] 畸形 – jīxíng – abnormal; distorted
[197] 始终 – shǐzhōng – from beginning to end
[198] 告别 – gàobié – to part with; to leave; to say goodbye with
[199] 毅力 – yìlì – fortitude; stamina; willpower; will
[200] 凯旋 – kǎixuán – triumphant return; return with glory
[201] 胜利 – shènglì – victory; triumph
[202] 途中 – túzhōng – underway; on the way; along the way
[203] 爽快 – shuǎngkuài – refreshed; comfortable; joyful
[204] 谈吐 – tántǔ – style of conversation
[205] 恶浊 – wūzhuó – foul
[206] 所致 – suǒ zhì – to be caused by; to be the result of
[207] 怨悔 – yuànhuǐ – to complain (怨) and regret (悔)
[208] 按例 – ànlì – according to rules; according to routines
[209] 聚餐 – jùcān – to dine together; to have a dinner party
[210] 轮 – lún – by turns; in turn
[211] 宗教 – zōngjiào – religion
[212] 诙谐语 – huīxié yǔ – witty observations
[213] 扯谈 – chětán – to engage in small talk; chitchat
[214] 浓厚 – nónghòu – thick; strong; dense; deep; profound
[215] 暗香 – ànxiāng – slight fragrance
[216] 浮动 – fúdòng – to float; to drift
[217] 奇思涌发 – qísī yǒngfā – wonderful (奇) thoughts (思) emerge (涌发)
[218] 斜躺椅 – xiétǎng yǐ – reclining chair; recliner
[219] 放烟圈 – fàng yānquān – to blow smoke rings

圈的往上放出，大概诗意[220]也跟着一层一层上升[221]，其态度之自若[222]，若有不足为外人道者[223]。只有我一人不吸烟，觉得如独居化外[224]，被放三危[225]。这时戒烟越看越无意义了。我恍然觉悟[226]，我太昏迷了。我追想搜索[227]当初何以立志戒烟的理由，总搜寻[228]不出一条理由来。

此后，我的良心便时起不安。因为我想，思想之贵[229]在乎[230]兴会[231]之神感[232]，但不吸烟之魂灵将何以兴感起来？有一下午，我去访[233]一位洋女士。女士坐在桌旁，一手吸烟，一手靠在膝[234]上，身微[235]向外，

---

[220] 诗意 – shīyì – poetic quality or flavor
[221] 上升 – shàngshēng – to rise
[222] 自若 – zì ruò – self-possessed; composed; calm and at ease
[223] 若有不足为外人道者 – ruò yǒu bù zú wéi wàirén dào zhě – like (若) it is (有) not necessary/worth (不足为) to tell (道) outsiders (外人) (about his enjoyement)
      外人 – referrring to non-smokers
[224] 独居化外 – dú jū huà wài – stay (居) the outer fringes of civilization (化外) alone (独)
[225] 被放三危 – bèi fàng Sānwēi – exiled (被放) to (a solitary existence on) Mount Sanwei (三危)
      三危: a remote and secluded mountain in 甘肃 (Gānsù) province
[226] 恍然觉悟 – huǎngrán juéwù – to suddenly (恍然) understand (觉悟); to become aware suddenly
[227] 搜索 – sōusuǒ – to search for; to seek
[228] 搜寻 – sōuxún – to search for; to seek
[229] 思想之贵 – sīxiǎng zhī guì – highest state of thinking
[230] 在乎 – zàihu – care
[231] 兴会 – xìnghuì – a sudden flash of inspiration
[232] 神感 – shén gǎn – divine (神) sense (感)
[233] 访 – fǎng – to visit
[234] 膝 – xī – knee
[235] 微 – wēi – slightly

---

颇[236]有神致[237]。我觉得醒悟之时到了。她拿烟盒请我。我慢慢的，镇静[238]的，从烟盒中取出一枝来，知道从此一举[239]，我又得道[240]了。

我回来，即刻[241]叫茶房去买一包白锡包[242]。在我书桌的右端[243]有一焦[244]迹[245]，是我放烟的地方。因为吸烟很少停止，所以我在旁刻[246]一铭[247]曰"惜阴[248]池[249]"。我本来打算大约要七八年，才能将这二英寸[250]厚的桌面烧透[251]。而在立志戒烟之时，惋惜[252]这"惜阴池"深只有半生丁米突[253]而已。所以这回重复[254]安放香烟时，心上非常快活[255]。因为虽然尚[256]有远大[257]的前途[258]，却可以日日进行不懈[259]。后来因搬屋[260]，书

---

[236] 颇 – pō – quite; rather
[237] 神致 – shénzhì – leisurely and carefree mood
[238] 镇静 – zhènjìng – calm; composed
[239] 一举 – yī jǔ – at one stroke; with one action
[240] 得道 – dédào – to achieve Buddhist or Taoist enlightenment
[241] 即刻 – jíkè – at once; instantly; immediately; at once; right away
[242] 白锡包 – Báixībāo – White Tin Package, the name of a premium English cigarette brand
[243] 右端 – yòuduān – right side
[244] 焦 – jiāo – burnt; charred
[245] 迹 – jì – mark; sign; trace
[246] 刻 – kè – engrave
[247] 铭 – míng – inscribed or written maxim
[248] 惜阴 – xī yīn – to cherish time; to make good use of time
[249] 池 – chí – pool
[250] 英寸 – yīngcùn – inch
[251] 烧透 – shāotòu – well burned
[252] 惋惜 – wǎnxī – feel sorry (for someone or about something); sympathize with
[253] 生丁米突 – shēngdīngmǐtū – transliteration for "centimeter"
[254] 重复 – chóngfù – to repeat; to duplicate
[255] 快活 – kuàihuó – cheerful; happy; joyful
[256] 尚 – shàng – still
[257] 远大 – yuǎndà – long-range; broad; ambitious
[258] 前途 – qiántú – future; prospect
[259] 不懈 – bù xiè – persisting; untiring; unremitting
[260] 搬屋 – bān wū – to move house

房小，书桌只好卖出，"惜阴池"遂[261]不见。此为余[262]生平[263]第一恨事[264]。

---

[261] 遂 – suí – then; there upon
[262] 余 – yú – more than (anything)
[263] 生平 – shēngpíng – all one's life; ever since one's birth
[264] 恨事 – hèn shì – a regretful thing

Fán xīyān de rén, dà bù céng zài yīshí hútu, fāguò hóng yuàn, lìzhì jièyān, zài xiāngdāng qī nèi yǔ cǐ Yān Mó juéyī-cíxióng, dàole shí tiān bàn gè yuè zhīhòu, cái zì xǐngwù guòlái. Wǒ yǒu yī cì yě zǒurù qítú, hūrán gāoxìng jièyān qǐlái, jīngguò sān xīngqī zhī jiǔ, cáishòu liángxīn zébèi, huǐwù qiánfēi. Wǒ dǔzhòuzhe, zài bù tuítáng, zài bù shījiǎn, yào lǎolǎo-shíshí zuò xīyān de xìntú, yīzhí dào lǎomào wéizhǐ. Dào nà shíqī, yěxǔ huì tīng Qīngnián Huì Jiǎndé Huì sāngū-liùpó de yāoyán, bǎ tā jièjué, yīnwèi yī rén dào cǐ shíhou, zǒngshì shénjīng bóruò, shēnbù-yóuzhǔ, nán dài fùzé. Dànshì yīzhí yī rì cúnzài, shìfēi yī rì míngbai shí, jué bùhuì zài shòu yòuhuò. Yīnwèi jīngguò cǐ cì de jiàoxùn, wǒ yǐ shífēn míngbai, wúduān jièyān duànjué wǒmen línghún de qīngfú, zhè shì yī jiàn kuīfù zìjǐ ér wúyì yú rén de bù dàodé xíngwéi. Jù Yīngguó shēngwù huàxué míngjiā Xià'ěrdēng jiàoshòu shuō, xīyān wéi rénlèi yǒushǐ-yǐlái zuì yǒu yǐngxiǎng yú rénlèi shēnghuó de sì dà fāmíng zhīyī. Qíyú sān dà fāmíng zhīzhōng, jìde yǒu yī jiàn shì jiē hòu xiàn qīngchūn bù lǎo zhī xīn shù. Cǐ shì tíwài bù tí.

Zài nà sān xīngqī zhōng, wǒ rúhé de hūnmí, rúhé de nuòruò, míng zhī yú zìjǐ de xīnshēn yǒuyì de yī gēn xiǎoxiǎo xiāngyān, jiù méiyǒu dǎnliàng qǔlái xiǎngyòng, shuōlái zhēnshì yī duàn chǒu shǐ. Cǐshí shìguò-jìngqiān, huíxiǎng qǐlái, dào mòmíng hé yǐ nà cì hūn mí yī fā fādào sān xīngqī. Ruò bǎ cǐ sān xīngqī zhōng zhī xīnlǐ lìchéng xìxì xùshù qǐlái, zhēnshì qìngzhú-nánshū. Zìrán, dì-yī yàng, zhè jièyān de niàntóu, gēnběn jiù yǒudiǎn hútu. Wèishénme rén shēng shìshàng yào jièyān ne? Zhè wèntí wǒ xiànzài yě dábùchū. Dànshì, wǒmen rénlèi de xíngwéi, zǒng cháng shì méiyǒu lǐyóu de, yǒushí gùyì yào zuòzuò bù gāi zuò de shì, yǒushí chǔjìng tài xián, wú shì kě zuò, gùyì jiāng dà rèn yú jǐ shēn, kǔ qí jīn gǔ, è qí tǐ fū, kōng fá qí shēn, bǎ zìjǐ de tiānxìng fúluàn yīxià, yùbèi zuò dàzhàngfu ba? Chúqù zhè gè lǐyóu, wǒ xiǎngbùchū dāngrì héyǐ xiǎngchū zhèzhǒng xiàliú de niàntou. Zhè shí yǒudiǎn xiàng Táokǎn zhī yùnpì, huòshì xiàng xiàndàirén de jiànshēn yùndòng — wénrén xuézhě wú chái kě pōu, wú shuǐ kě xī, wú chē kě lā, liǎng shǒu zài kōngzhōng wú mùdì de yīshàng-yīxià, wèi yùndòng ér yùndòng, yú shèhuì gōngyè zhī shēngchǎn, shì háowú gòngxiàn de. Jièyān jièyān, dàgài jiùshì xiánrén jūnzi de jiànlíng yùndòng ba.

Zìrán, tóu sān tiān, hóulóng kǒu li, yǐzhì qìguǎn shàng bù, sì yǒu yī zhǒng guài nánkān siyǎng-fēiyǎng de gǎnjué. Zhè dào yì bàn. Wǒ chī bòhétáng, hē Tiěguānyīn, hán Fǎguó dǐngshàng de bǔ hóu tángpiàn. Sān tiān zhīnèi, biàn wánquán bǎ nàzhǒng guài yǎng kèfú xiāomiè le. Zhè shì jièyān lìchéng shàng zhī dì-yī qī, shì chúncuì guānyú shēnglǐ shàng de fèndòu, yīdiǎn yě bùzú-wéiqí. Fán yǐwéi jièyān zhī gōngfu zhǐzài zhè diǎn de rén, wàngjì xīyān húnlíng shàng de shìyè; cǐ yī dàoli bù dǒng, gēnběn jiù bùpèi tán xīyān. Guòle sān tiān, wǒ cái jìnle húnlíng zhàndòu zhī dì-èr qī. Dào cǐshí, wǒ shǐ huǎngrán míngbai, shìshàng xīyān de rén, běn yǒu liǎng zhǒng, yī zhǒng zhǐshì Nánguō xiānsheng zhī tú, yǐ xīyān gēn rén còu rènào éryǐ. Zhèxiē rén zhī jièyān, shì méiyǒu dì-èr qī de. Tāmen jièyān, háobù fèilì. Jùshuō, tāmen xiǎng bù xī jiù bù xī, míng zhī wéi "jiānqiáng de yìzhì". Qíshí zhèzhǒng rén hécháng xīyān? Yī rén rú néng jiè yī pǐhào, rú màidiào yī jiàn jiù fú, zé qí běn fēi pǐhào kě zhī. Zhèzhǒng rén xīyān, què shì yī zhǒng zhītǐ shàng de gōngzuò, rú shuāyá, xǐliǎn yīlèi, kěyǐ shuā, kěyǐ bù shuā, nèixīn shàng méiyǒu xūyào, húnlíng shàng méiyǒu yìyì de. Zhèzhǒng rén chúle xǐliǎn, chīfàn, huíjiā bào hái'ér yǐwài, xīnlíng shàng shì bùhuì yǒusuǒ yāoqiú de, wǎnshàng tóng Jiǎndé Huì nǚ huìyuán de tàitaimen kànkàn 《Yīsuǒ Yùyán》 yě jiù ānmián jiùqǐn le. Xīn Jiàxuān zhī cí, Wáng Mójié zhī shī, Bèiduōfēn zhī yuè, Wáng Shífǔ zhī qǔ, shì yǔ tāmen wúguān de. Lú Shān pùbù hái bù shì cóngshàng-érxià de liúshuǐ éryǐ? Shìwèn dú Jiàxuān zhī cí, Mójié zhī shī ér bù xīyān, kě hū? Bù kě hū?

Dànshì zài zhēnzhèng dǒngde xīyān de rén, jièyān què yǒu yī wèntí, quán fēi Jiǎndé Huì nán nǚ huìyuán suǒnéng liàodào de. Yú wǒmen zhè yī pài zhēnzhèng xīyān zhī tú, jièyān bùdào sān rì, qí wú yìyì, yǔ dài jǐ zhī kèbó, jiù huì fúxiàn mù qián, lǐzhì yǔ chángshí jiù yào wèn: Wèishénme lǐyóu, zhèngzhì shàng, shèhuì shàng, dàodé shàng, shēnglǐ shàng, huòzhě xīnlǐ shàng, yī rén bù kě xīyān, ér gùyì yào yǐ zìjǐ de cōngming máimò, wéibèi liángxīn, qiāngzéi tiānxìng, shǐ wǒmen bù néng dádào nà xīnkuàng-shényí de jìngdì? Shuí dōu zhīdao, zuò wén zhě bì jīnglì měimǎn, yìdào-shénfēi, xiōngjīn huòdá, fēngfā-yùnliú, fāng yǒu hǎo wén chūxiàn, dú shū yì bì néng huì shén huì yì, xiōngzhōng liǎowú zhì'ài, shén yóu qí jiān, fāng suàn shì dú. Cǐzhǒng xīnjìng, bù xīyān qǐ kě bàndào? Zài zhè xìnghuì zhī shí, wǒmen juéde shēn shǒu ná yī zhī yān nǎi wéiyī hélǐ de xíngwéi; ruòshì bǎ yī kuài niúpítáng sāirù kǒu li, fǎnwéi súbù-kěnài zhī gòudàng. Wǒ gū jǔ yī-liǎng jiàn shì wéi zhèng.

Wǒ de péngyou B jūn yóu Běijīng lái Hù. Wǒmen bù jiànmiàn, yǐ yǒu sān nián le. Zài Běipíng shí, wǒmen shì chén hūn shícháng guò cóng de, yèjiān yóuqí shì xīyān xiā tán wénxué, zhéxué, xiàndài měishù yǐjí rúhé gǎizào rénjiān yǔzhòu de zhǒngzhǒng wèntí. Xiànzài tā lái le, wǒmen zhèngzài jiāli lú páng xùjiù. Suǒ tán de wúfēi shì zài Píng jiù yǒu de jìnkuàng jí shìtài de yánliáng. Měi dào miàochù, wǒ zǒngshì xīnli xiǎng shēn yī zhī shǒu qù qǔ yī zhī xiāngyān, dànshì biǎomiàn shàng què zhǐyǒu lìqǐ ér yòu zuòxià, huòzhě huànhuàn zuòshì. B jūn què zìzì-ránrán de yī kǒu yī kǒu de tūnyún-tǔwù, sì yǒu bù shèng qí lè zhī kǎi. Wǒ yǐ gàosu tā, wǒ jièyān le, suǒyǐ yě bùhǎoyìsi dāngchǎng pòjiè. Huàsuī-rúcǐ, xīnkǎn li zhǐ juéde bù kuài, dāran ruòyǒu-suǒshī, wǒ de shénzhì shì fēicháng qīngchǔ de. Měi huí B jūn gāotán-kuòlùn zhīxià, wǒ dōu néng dá yī gè "shì" zì, ér shíjì shàng què hèn bù néng tóng tā yīyàng de xìngfèn qīngxīn ér tán. Zhèyàng jīxíng de tánle yī-liǎng xiǎoshí, wǒ shǐzhōng bù kěn pòjiè, wǒ de péngyou jiù gàobié le. Lùn "jiānqiáng de yìzhì" yǔ "yìlì" wǒ shì kǎixuán shènglì zhě, dànshì xīnkǎn li què zhǐ juéde yàngyàng-bùlè. Guòle jǐ tiān, B jūn túzhōng láixìn, shuō wǒ jìnlái bùtóng le, méiyǒu yǐqián de xìngfèn, shuǎngkuài, tántǔ yě dà bùrú qián le, tā shuō huòzhě shì Shànghǎi de kōngqì tài wūzhuó suǒ zhì. Dào xiànzài, wǒ háishi yuànhuǐ nà yè bù céng xīyān.

Yòu yǒu yī yè, wǒmen zài kāihuì, zhè huì ànlì měi xīngqī yī cì. Dào shí jùcān zhīhòu, yǒurén dú lùnwén, zuòwéi tǎolùn, tōngcháng zǒngshì yī zhǒng xīyān dàhuì. Zhè huí lúnzhe C jūn dú lùnwén. Tímù jiàozuò 《Zōngjiào Yǔ Gémìng》, wénzhōng bù shǎo huīxié yǔ. Zài zhèzhǒng chètán zhī shí, shìnèi de yānqì yī céng yī céng de nónghòu qǐlái, zhèng shì ànxiāng fúdòng qísī yǒngfā zhī shí. Shīrén H jūn zuòzài zhōngjiān, xiétǎng yǐ shàng, zhèngzài xué fàng yānquān, yī quān yī quān de wǎng shàng fàngchū, dàgài shíyì yě gēnzhe yī céng yī céng shàngshēng, qí tàidù zhī zì ruò, ruò yǒu bù zú wéi wàirén dào zhě. Zhǐyǒu wǒ yī rén bù xīyān, juéde rú dú jū huà wài, bèi fàng Sānwēi. Zhèshí jièyān yuè kàn yuè wú yìyì le. Wǒ huǎngrán juéwù, wǒ tài hūnmí le. Wǒ zhuīxiǎng sōusuǒ dāngchū héyǐ lìzhì jièyān de lǐyóu, zǒng sōuxún bù chū yī tiáo lǐyóu lái.

Cǐ hòu, wǒ de liángxīn biàn shí qǐ bù'ān. Yīnwèi wǒ xiǎng, sīxiǎng zhī guì zàihū xìnghuì zhī shéngǎn, dàn bù xīyān zhī húnlíng jiāng héyǐ xìng gǎn qǐlái? Yǒu yī xiàwǔ, wǒ qù fǎng yī wèi yáng nǔshì. Nǔshì zuòzài zhuō páng, yī shǒu xīyān, yī shǒu kàozài xī shàng, shēn wēi xiàngwài, pō yǒu shénzhì. Wǒ juéde xǐngwù zhī shí dào le. Tā ná yānhé qǐng wǒ. Wǒ mànmàn de, zhènjìng de, cóng yānhé zhōng qǔchū yī zhī lái, zhīdao cóng cǐ yī jǔ, wǒ yòu dédào le.

Wǒ huílai, jíkè jiào cháfáng qù mǎi yī bāo Báixībāo. Zài wǒ shūzhuō de yòuduān yǒu yī jiāo jì, shì wǒ fàng yān de dìfāng. Yīnwèi xīyān hěn shǎo tíngzhǐ, suǒyǐ wǒ zài páng kè yī míng yuē "xī yīn chí". Wǒ běnlái dǎsuàn dàyuē yào qī-bā nián, cái néng jiāng zhè èr yīngcùn hòu de zhuōmiàn shāotòu. Ér zài lìzhì jièyān zhī shí, wǎnxī zhè "xī yīn chí" shēn zhǐyǒu bàn shēngdīng mǐtū éryǐ. Suǒyǐ zhè huí chóngfù ānfàng xiāngyān shí, xīnshàng fēicháng kuàihuó. Yīnwèi suīrán shàng yǒu yuǎndà de qiántú, què kěyǐ rìrì jìnxíng bù xiè. Hòulái yīn bān wū, shūfáng xiǎo, shūzhuō zhǐhǎo màichū, "xī yīn chí" suí bù jiàn. Cǐ wéi yú shēngpíng dì yī hèn shì.

—

www.ingramcontent.com/pod-product-compliance
Lightning Source LLC
Chambersburg PA
CBHW031954010726
47493CB00007B/2204